ちくま学芸文庫

心はどこにあるのか

ダニエル・C・デネット
土屋 俊 訳

筑摩書房

KINDS OF MINDS

Toward an Understanding of Consciousness

by

Daniel C. Dennett

Originally Published by Basic Books

a member of the Perseus Books Group, New York

Japanese translation rights arranged with Brockman, Inc., New York

目次

心はどこにあるのか

はじめに

わたしは哲学者であり、科学者ではない。わたしたち哲学者は、疑問を提出することのほうが得意であり、疑問に解答することはむしろ不得手である。このように言うと、一見、わたしが自分と自分の専門分野を卑下しているかのように聞こえるかもしれない。しかし、そのようなつもりはまったくない。いままで以上に適切な疑問を発見し、旧来の疑問提起の習慣と伝統から抜け出ることは、自己と世界を理解するという人類の重要課題のなかのきわめて困難な部分なのである。哲学者は、疑問そのものを吟味するという、これまで専門家として磨きをかけてきた才能を生かすことによって、すばらしい形でこの探究活動に貢献することができる。ただし、その際、どんなことにも偏らぬ心で接し、どんな質問にも最初から「自明」とされている原則に基づいて答えようとしないということが条件である。

世界には、人間の心だけでなく、さまざまな心があり、そのさまざまな心について問う方法は多岐にわたる。本書で紹介するわたしの方法も、毎日のように変化している。新しい発見、新しい理論、新しい問題提起に接するたびに、わたしは、自分の方法を洗練し拡張するだけでなく、修正したり改訂したりしている。わたしの方法は、それなりに一貫し、かつ、安定的で理解可能なパターンを示していると考えるが、それを可能にしている一群の前提を本書では紹介したい。しかし、実際には、わたしの方法のなかでもっとも刺激的な部分は、そのようなパターンの周縁にある移ろいやすい部分である。というのも、そのような周縁でこそ探究活動が行なわれているからである。

本書の最大の目的は、わたしが、まさに現時点で、質問しようと思っている問題を紹介することである。そのような問題のなかには、尻切れとんぼで終わるものもあるだろう。ご注意いただきたい。しかし、わたしの方法は、長いあいだ好成績を示し、新しい発見がどこで出てきても困ったことはなかった。実際、そのような発見のなかには、わたしがかつて提起した疑問に刺激されてなされたものもあるくらいだ。心についての探究の方法として、わたしと対立する方法を提起する哲学者もいる。しかし、もっとも影響力を持つ方法ですら、最初は魅力的に思えても結局、自己矛盾に陥り、苦境に立ち、困惑の袋小路に突きあたっている。したがって、わたしは、わたしの観点から見て問題提起のよい方法を、この本で自信を持って推奨できるのである。

わたしたちの心は複雑な織物である。さまざまな糸を用いて、さまざまな模様が織り込まれている。心を構成するさまざまな要素のなかには、生命誕生の昔から存在するものもあれば、最新のテクノロジーと同じように新しいものもある。わたしたちの心は、多くの点で他の動物の心とよく似ているが、別の点ではまったく違っている。進化論的視点をとれば、心の要素がなぜ、どのように形成されたのかを理解することが可能になる。ただし、「微生物から人間まで」の時間を一貫する一本の縦糸が、新しい糸が登場する瞬間を解明するというわけではない。したがってわたしは、単純な心と複雑な心のあいだを行きつ戻りつしながら織り合わせ、何度もテーマに立ち戻ってつけ加えるべきものを求め、最後に人間の心として理解できるものに到達しようとしなければならなかった。その段階までくれば、もう一度ふりかえり、それまでに体験したさまざまな違いを吟味するとともに、その意味を評価することができるであろう。

本書の最初の草稿は、一九九五年の五月と六月に、ダブリン大学ユニバーシティ・カレッジにおけるアグネス・カミングス記念講義、ならびにクライストチャーチ（ニュージーランド）のカンタベリー大学にアースキン・フェローとして滞在したときに行なった公開講座で講演したものである。両校の教授や学生諸氏に感謝したい。彼らの建設的な意見のおかげで、最終稿は最初の草稿とは似ても似つかないものとなり、かつ(わたしの信じるところでは)改良されたものとなった。また、最終稿の一つ前の草稿に目を通し、活発な批評をしてくれた人々にも感謝したい。すなわち、マルク・ハウザー、アルヴァ・ノエ、ウェイ・チュイ、シャノン・デンズモア、トム・シューマン、パスカル・バックレー、ジェリー・リオンズ、サラ・リッピンコットの各氏と、タフツ大学において「言語と心」というわたしのクラスを聴講した学生たちである。

一九九五年十二月二十日　タフツ大学にて

1　さまざまな種類の心

自分の心を知る

　わたしたちにとって、誰か別の人の心のなかで進行していることを知ることは可能なのだろうか。たとえば、女性にとって、男性であることがどのようなことかを知ることが、そもそも可能であろうか。あるいは、赤ん坊は誕生の瞬間にどのような経験をしているのだろうか。胎児は、母親の子宮のなかにいるとき、ともかくなにかを経験しているのなら、いったいどのような経験をしているのだろうか。さらに、人間ではない生きものの心については、知ることができるのだろうか。たとえば、馬はなにを考えているのだろうか。ハゲタカは腐った屍肉を食べて胸がむかつくということはないのだろうか。魚が釣り針を口に突き刺されるとき、人間が同じような目にあったとき感じるような痛みを感じないのだろうか。クモはものを考えるのだろうか、それとも、美しい巣を考えもなく編むように設計された、たんなるロボットにすぎないのだろうか。いやそこまでいうならば、ロボットはどんなに上手につくられても、意識を持ち得ないというのだろうか。すでにクモとほとんど変わりなく巧みに動きまわり、ものを操作するロボットが存在している。さらに複雑にすれば、人間と同じように、痛みを感じたり将来のことを心配したりするようになるのだろうか。それともロボット（あるいは、クモや昆虫、そしてその他の「有能」だが心を持たない生物）と、心を持つ生きものとのあいだには、越えられない深い溝があるのだろうか。人間を除くすべての動物は、本当は知性のないロボットであるということになるのだろうか。ルネ・デカルトは、十七世紀にこのことを主張してよく知られているが、では彼はまったく間違っていたのだろうか。それとも、すべての動物も植物も、そしてバクテリアでさえも、心を持っているといえるのだろうか。

あるいは、まったく反対の立場に立つことにして、すべての人間が心を持つということに、わたしたちは本当に確信を持っているだろうか。もしかすると、（極端な場合を考えれば）あなただけがこの世のなかの唯一の心であるかもしれない。つまり、この本を書いている人間と思われる人物も含めて、他のものはすべて心を持たないただの機械かもしれない。この奇妙な考えは、幼かったわたしの頭にも浮かんだことがある。あるいは、あなたの頭にも同じことが浮かんだかもしれない。わたしの学生の三分の一ぐらいも、子どものころに同じことを考えつき、その考えにとりつかれてしまったと言っているが、このような考え方は哲学的な仮説としてはきわめて一般的で、（「自分ひとり」という意味のラテン語 solipsis に由来して）「独我論（ソリプシズム）」と呼ばれている。実際には、独我論をずっと真剣に受け取ることは誰もしないが、この考え方は検討すべき重要な問題をいくつか提出している。すなわち、わたしたちは独我論などばかげているかどうかということや、自分以外にも心があるかどうかということをどのようにして知るのだろうか。

心にはどんな種類のものがあるだろうか。そして、どのようにしてわたしたちはその解答を知ることができるのだろうか。最初にあげた疑問は、哲学的に言えば「存在論」に関するものであり、第二の疑問はわたしたちの知識に関わる問題、すなわち「認識論」の問題である。この本の目的は、これらの疑問に決定的な解答を出すことではなく、むしろ、なぜこの二つの疑問が同時に解決されなければならないかを示すことにある。哲学者はよく、存在論的問題を認識論的問題と混同しないようにと警告して、なにが存在するかということと、それについてなにを知り得るかということとは別の問題だと言う。わたしたちにはけっして知り得ないこともあるのだから、知識の限界を存在の限界への確実な手がかりとして扱ってはならないとも言う。この助言が、一般に適切なものであることには同意しよう。しかし、この本で扱う心の問題についてはそうではない。わたしたちはすでに心について十分に知っていて、その結果、この世の中の「心でないもの」と「心」とを区別するということが、わたしたちが心について認識するための一つの方法であるということをわかっているのだから。

たとえば、わたしたちは自分が心を持つことを知っている。また、自分に脳があることを知っているが、この二つは異なる種類の知識である。自分が脳を持つという知識は、自分が脾臓を持つという知識と同じ種類のものである。すなわち、どちらも伝聞によっている。あなたは自分の脾臓も脳も実際には見たことがない（とわたしは思う）が、「正常な人間には誰も一つずつ脳がある」と教科書に書いてあるという理由によって、自分も脳を一つ持っていることを確信しているにすぎない。他方、あなたは、自分の心にはもっと親しんでいる。あまりにも親しんでいるために、自分は心そのものだとまで言ってしまうかもしれない（この同一視はまさに、デカルトが述べたことである。彼は「自分とは心、すなわち、レス・コギタンス、考えるものである」と述べている）。たしかに、本や教師が、心とはなにかということを述べることがあるかもしれない。しかし、自分が正常であり他の人と同様に心を持つかどうかを疑ってみるとき、まさにデカルトが指摘したように、そのように疑っていること自体が、あらゆる疑いを超えて、あなたが心を持っていることを直接的に裏付けるはずなのだ。

以上のことから、わたしたちひとりひとりが自分の心を内側から知っていて、同じ心を内側から知る者はふたりといないということが示唆される。ほかの種類の事柄で、こんな方法で知られているものは存在しない。

さて、ここまでの議論はすべて、わたしたち、つまりわたしとあなたがどのような方法で心を知っているかという観点から論じられている。したがって、独我論は誤りだということを前提としている。この前提について、あなたとわたしからなるわたしたちが考えれば考えるほど、なおさら避けられないもののように思われてくる。一つの心だけが存在するということは不可能なのだ。あるいは少なくとも、わたしたちのさまざまな心に似た心が一つだけ存在するということは不可能である。

心を持つことは気づかうこと

「人間以外の生きものは心を持つか」という疑問について考えようとするならば、最初に、わたしたち人間の心と同じような心を持つかという問題を提起することからはじめなければならない。なぜなら、人間の心だけが、少なくともいまのところは、そもそも少しはなにかがわかっている種類の心だからである。たとえば、人間以外の動物に「フラーブ」というものはあるかと考えてみよう。しかし、フラーブがなんのことを言っているのか知らなければ、質問の意味すら理解できない。同様に、人間以外の心が、なにかほかにいろいろな性質を持つものであるにせよ、わたしたちはそれが人間の心に似たものであると考えている。さもなければ、それを心とは呼ばない。このようにして、わたしたちの心、すなわち、わたしたちが最初から知っているただ一つの種類の心こそが、心についての考察をはじめるときの基準になる。まず、この点を合意しておかないと、議論は筋の通った意味のあるものにはならないだろう。

あなたに話しかけるとき、わたしは、あなたとわたしの二人を「心を持つもの」のなかに含めている。それは、避けることができない出発点である。そしてこの事実は、ある一つの仲間うちのグループを生み出す。あるいは、そのようなグループの存在を認めることになる。そのグループは、この世のなかの他のすべてのものから区別された、ある特権的な性格を持つ。このことは、ほとんど当然すぎて気づかれることがなく、われわれの思考や言語のなかに深く刻みこまれているが、わたしとしては、この点について議論しておきたい。「わたしたち」といえるのなら、あなたのほかに誰かがいる。したがって、独我論は誤りであり、仲間が存在することになる。この点は、

言い方を少し変えた奇妙な言いまわしをしてみれば、さらにわかりやすくなるだろう。たとえば、

「わたしたち、つまりわたしとわたしのトラックは、明け方にヒューストンを出発した」

というような表現である。この文はどこか奇妙で、おかしな文章だ。こういうふうに言って、もし自分のトラックを「わたしたち」の仲間うちに囲いこもうとするほど大切だと考えているなら、それはよほど孤独な人なのだろう。さもなければ、そのトラックが、あらゆるロボット学者に羨望の目でみられるほどにカスタマイズされたものということになるだろう。それと対照的に、「わたしたち、つまりわたしとわたしの犬は」という言い方はまったく不自然ではない。しかし、「わたしたち、つまりわたしとわたしの牡蠣《かき》は」という言い方は、真面目に考える気にもなれない。つまり、わたしたちは犬が心を持つことはかなり確かだと信じているけれども、牡蠣に心があるかどうかについては疑わしいと思っている。

心を持つものの一員であることによって、大きな安心感、すなわち、ある種類の道

徳・価値観をともにしているという保証が得られる。心を持つものだけが気づかい、なにが起こるかを気にかけることができるからだ。あなたがわたしにしてほしくないことをわたしがしたならば、そのことは道徳的な意味を持つ。なぜなら、わたしがしたことがあなたにとって道徳的な意味を持つからだ。もちろん、本当はたいした問題ではないかもしれないし、さまざまな理由からあなたの関心や利益は無視されることになるかもしれない。そして（わたしがあなたの過ちを公正に罰している場合には）あなたが気にかけるかもしれないという事実は、むしろ、わたしの行為の正しさを示すものとして理解されることになるかもしれない。とにかく、いずれにせよ、わたしのしたことをあなたが気にかけるという事実は、道徳の方程式において必然的に意味を持つのである。

花が心を持つとすれば、わたしたちが花に対して行なう行為は、花自身にとっても意味を持ち、花に起こる出来事を気にかけている人だけに意味を持つのではない。誰も気にかけないのなら、花になにが起ころうといかなる問題も生じない。

この考えに反対の人もいるだろう。彼らの主張は、心を持ついかなるものも花の存在について知ることがなく、しかも、気にかけることがなかったとしても、花の道徳的な価値は確保されるという趣旨である。たとえば、花の美しさは、誰に称賛されなくても、それ自体でよいことであり、よいことであるがゆえに、特段の事情がないかぎり破壊されるべきでないという考え方だ。もちろん、この考え方は、花の美しさはたとえば神にとって重要であるという見解や、わたしたちが存在すら知らないなにかにとって重要かもしれないという見解とは異なるものである。この考え方は、花の美しさは、それがいかなるものにとっても問題にならないとしても、すなわち、たとえ花自身にとっても、神にとっても、あるいはそれ以外のなににとっても問題にならないとしても、それ自身で意味を持つという考え方だ。わたしはこの意見には同意できないが、ここでは即座に却下するのではなく、論争の対象ではあるがそれほど一般的ではないと指摘しておくだけにしよう。だが、心を持つか持たないかということが重要な意味を持ち、関心や利益にからんでくるということを人々に賛同してもらうのには、とくに議論を展開する必要はないと思う。まさにこれゆえに人々は、道徳的観点からも、なにが心を持つか、もしくはなにが心を持たないかが気になるのだ。したがって、なににどこまで心があるのかについての提案にも、道徳的にきわめて重要な意味があることになる。

　わたしたちは、ときに間違えて、本当は心を持たないものが心を持つと考えたり、逆に心を持つ仲間を見過ごしてしまっているかもしれない。しかし、この二つの誤りは同等のものではない。まず、心を持たないものについて誤って大目に心があることにするということは、たとえば部屋にある鉢植えと「仲良く」なったり、机の上でスリープしているコンピュータの調子が気になって夜も眠れなかったりするという程度のことであり、悪くても信じこみやすさゆえの愚かな過ちにすぎない。しかし、心を持つものに不当に心の存在を認めないというのは、心を持つ人や動物の経験、すなわち、それらが感じる苦しみや喜び、抑えきれない野心や満たされない欲望を軽蔑し、無視し、否定することであり、恐ろしいまでの罪悪である。結局のところ、あなた自身は、自分が無生物として扱われたらどんな気持ちがするだろうか（ここで、この修辞疑問が、ほかならぬわたしたちが心の所有者という立場を共有していることに訴えている点に注目してほしい）。

実際には、どちらの誤りも道徳的には深刻な影響を持っている。心を持たないはずのものにまで心があるとしてしまうと（たとえば、バクテリアにも心があるのだから殺してはいけないなどと思いこんでしまうと）、道徳的になんの意味もないものを利して、友人、ペット、自分などの数多くの正当に利益を持つものを犠牲にしてしまう結果になりかねない。

たとえば、妊娠中絶をめぐる論争は、まさにこうした難しさの核心をついている。

十週目の胎児には明らかに心があると考える人もいれば、そのような段階では心はないと言う人もいる。胎児が心を持たないならば、それには「壊疽状態の足」や「膿みのたまった歯」と同程度の利益しかない。ゆえに、胎児を体の一部分とする心を持つ人物の生命を救うために（あるいはたんにその利益のために）、それをとりのぞいてもかまわないという議論を展開することが可能になる。一方、その段階ですでに心があるとすれば、最終的にどういう決定を下すにせよ、一時的に胎児に身体を貸している人の利益だけではなく、胎児そのものの利益も当然考えなくてはならない。この両極のあいだに真の論争点が位置している。すなわち、胎児をそのままにしておけば心を持つことになるとしたら、胎児の将来の権利をどの時点から認めるべきなのだろうか。これらの種々の場合を考えると、心を持つか否かという問題が道徳的な立場にとっては重大であることがきわめて明らかになる。たとえば、もし胎児が無脳症である（つまり、脳がない）とわかったならば、その事実がこの問題の性質を、ほとんどの人にとって劇的に変化させることになるだろう。もちろん、すべての人にとって、変わるわけではない（わたしはここで、この道徳的な諸問題に結着をつけようとしているのではなく、一般的な道徳的見解が、この問題に対するわたしたちの関心を並みの好奇心以上に広げる様子を示そうとしているだけである）。

この場合、道徳の説くところと科学的方法の説くところは、まったく反対の方向に向かっている。倫理的な考え方は、たとえ間違っても心があると大目に考えて、無難であることを心がけようとする。他方、科学的な考え方は、心があるとしたときにその存在理由を示す義務を課する。たとえば、グルタミン酸塩分子（神経細胞間の信号伝達に関係する基本的な神経伝達物質）の存在は心の存在に等しいと宣言するだけではすまされず、それを証明しなければならない。つまり、この場合の「帰無仮説」は、証明できない心は存在しないという内容であり、この帰無仮説に対して心の存在を証明しなければならないのである（刑法でいう「有罪が実証されないかぎり無罪」が、わたしたちの方法での帰無仮説に相当する）。どの生物種にどのような種類の心があるかということについては、科学者のあいだでかなり意見が分かれる。しかし、動物は意識を持つことがあると熱狂的に主張する代表的科学者でさえ、証明の義務が自分たちの側にあることを受け入れ、その要求に対応しようとしている。すなわち、どの種類の動物が意識を持つかということについてさまざまな理論を考案し、証拠を提出できると考えている。しかし、いまだに確証が得られた理論は一つとして存在しない。したがって科学的方法というのは、しばらくのあいだは様子を見ていようという不可知論的な立場にほかならない。道徳的な立場からすれば科学のこの不可知論は、意識を持つことが確か、、な生きものの道徳的な位置まで危険にさらしていると見なすことになる。わたしたちはそんな人々の不満を理解することができる。

では、わたしたちがいま考えている問題が、ハトやコウモリの心ではなく、左利きの人や赤毛の人の心に関するものであるとしてみよう。もし、このような種類の生きものが「心を持つもの」という特権階級に入る資格があるかどうかはこれから証明しなければならないなどと言われたら、わたしたちは非常に疑問を感じるだろう。それと同じように、人間以外の生物種に心があることを実証してみろと言われると激怒する人も少なからずいるはずだ。しかし、そんな人々も自分に正直になれば、クラゲやアメーバやヒナギクなどについては、たしかに証明の必要があると気がつくだろう。つまり、わたしたちは、原則については合意している。彼らは、自分にとてもよく似た生きものに対してだけその原則を適用することに不満を持っているにすぎない。もちろん、その不満を少し和らげることはできる。事実が明らかになるまではわたしたち自身、方針決定の際に、なんにでも心があると考えると、かえって間違えることになると承認しておけばよいのである。しかしいずれにせよ、動物の心について自分が支持する仮説を科学的に確証するために払わなければならない代償は、まさに、それが科学的に反証されるかもしれないというリスクを負うことなのである。

言葉と心

しかし、あなたとわたしが一つずつ心を持っているということは、真剣に議論するまでもないことだ。では、あなたが心を持っているとわたしが知っているのは、なぜなのだろうか。それは、わたしは、わたしの言葉を理解することができる人に対しては誰にでも、「あなた」という代名詞を使って呼びかけるし、かつ、心を持つものだけがわたしの言葉を理解できるからである。たとえば、目の不自由な人のために本を読んであげるコンピュータ制御の装置がある。この装置は、紙の上に示された文字の列を音声の単語の流れに置きかえることはできる。しかし、読んでいる単語の意味は理解していない。したがって、その装置が読んでいる途中に「あなた」という単語に出会っても、自分が呼びかけられていることにはならない。しかし、この場合でも、「あなた」という単語は、その単語の音声の流れに耳を傾け、それを理解している人に向かって呼びかけていることになる。このようにしてわたしは、読者あるいは聴き手であるみなさんが心を持つことを知る。そしてまた、わたしも心を持っているのである。この本でみなさんは、わたしの言葉をそのまま受け取ってほしい。

実際、このことは、わたしたちがいつもやっていることだ。わたしたちはたがいの言葉をそのまま信じ、ひとりひとりの人間が心を持つということがどんな合理的な疑問の余地もなく納得いくものだと考えている。言葉にこれほど説得力があるのはなぜなのだろうか。それは、言葉は懐疑と曖昧性を解決する強力な道具だからである。

たとえば、誰かが恐ろしい顔をして斧を振りまわしながらあなたに向かってきたとしてみよう。あなたはそこで疑問を持つ。一体なにが起こったのか、自分を誰か別の人と間違えているのか。そこで、その人に聞いてみる。すると、本当に誰かと間違えて斧をひっさげてきたと言うかもしれないし、彼はあなたがちょうどそのときそばに立っていた車の持ち主で、鍵が開かないので窓を割ろうと思って斧を持って戻ってきたところだと説明されるかもしれない。もちろん、あなたも、その人が自分の車だと言うのをうそだと思うかもしれない。でも、とりあえず逃げださないことにしてもう少し会話をつづけていれば、かならずや疑いが解決され、言葉でコミュニケーションしていなかったら到底たどりつかなかったような理解に至るだろう。

では、その斧を持った人物に質問しようにも、相手があなたと同じ言葉を話せない場合を想像してみよう。そのような場合、おそらくあなたは身振り手振りに頼ることになる。この方法でも、上手にやればかなり理解が深められる。しかし、しょせんは言葉の貧弱な代用品にすぎない。うまく身振りでコミュニケーションしたとしても、そこに両方の言葉を理解する通訳が通りかかったら、これまで理解したことを再確認してもらいたいと痛切に思うはずだ。その人にわずかな質問と答えをとりついでもらうだけで、すべてが了解できるだけでなく、他の方法では伝えられないような細かい説明も加えることができる。「あなたが片手を胸におき、もう片方の手を前に突きだしていたので、この人はあなたが病気だと思ったのです。それで、「車の窓をこわして鍵を開け、医者につれていってあげましょうか?」といったそうです。耳に指をつっこむしぐさは聴診器のことだそうです」。そうだったのか、やっとすべてが納得できた。ごくわずかな言葉が、なんとありがたいことか。

人間の言葉を正確かつ確実に翻訳するのは本当に難しいとよく言われる。文化は相互にはなはだしく異なり、「共約不可能」ですらあるので、一方の人が考えている意味が、別の言語を話す人に共有されることはあり得ないと言われている。たしかに、翻訳はつねに完璧には至らない。しかしそれは、大筋から見ればそれほど重要な問題ではない。つまり、たしかに完璧な翻訳は不可能かもしれないが、十分役に立つ翻訳ならば、いつもどこかで実現しているということである。十分役に立つ翻訳は、役に立たない翻訳やだめな翻訳とは客観的に区別され、それによって、人種、文化、年齢、性別、経験の差を問わず、人間同士を、他の種の個体同士にとっては不可能なほどに、密接に結びつけることができる。わたしたち人間は、この地球上の他の生物の能力を大きく超えるやり方で主観的な世界をたがいに共有しているし、しかもそれを認識している。それは、おたがいが話ができるからだ。しかし、（まだ）言葉を持っていない人間については例外である。新生児や聾唖者であることがどういうことか推測しにくいのは、そのためである。

会話は人間を結びつける。ノルウェーの漁師であることがどういうことか、ナイジェリアのタクシー運転手であることがどういうことか、八十歳の尼僧であること、生まれつき目が見えない五歳の少年であること、そして、チェスの名人、売春婦、戦闘機のパイロットであることがどういうことであるか、わたしたちは少なからず知ることができる。このような話題については、イルカであること、コウモリであること、さらにチンパンジーであること（それらであることがそもそも意味を持つとして）についてよりも、はるかによく知っている。わたしたち人間は、相互にどれほど異なっていようとも、地球上に散らばり、おたがいの差異を探究し、コミュニケーションを行なうことができる。人間同士ならたがいの違いを伝えあうことができるのだ。しかし、野生の動物はどれほど似ていて、一つの群れのなかで隣り同士になっていようとも、たがいの相違点はいうまでもなく、類似点についてさえ多くを知る由もない。動物は、メモをとってそれをくらべるなどということはできない。隣り同士並んで類似の経験をしても、わたしたち人間と同様の方法ではその経験を共有できないのだ。

このわたしの主張を疑うひともなかにはいるだろう。動物たちは、わたしたちには測り知れない「本能的な」方法でたがいに理解しあえるのではないだろうか。たしかに、そのように述べている本もある。たとえば、『犬たちの隠された生活』を著したエリザベス・マーシャル・トーマスがよい例である。トーマスは、犬は、犬なりの賢い理解力を持っていると考えている。一例を引こう。「人間には知り得ない犬なりの理由によって、多くの母犬は自分の産んだ雄犬と交尾しない」。犬が本能的に近親交配を避けるという事実は疑いの余地はない。しかし、なぜトーマスは、その本能の根拠について、人間よりも犬のほうがいささかでもよく知っていると考えるようになったのであろうか。人間にも「どうしても避けるべき」だと本能的に感じながらも、なぜそう感じるのかはまったくわからない行為はたくさんある。科学的な疑問を追究するつもりなら、本能的衝動について、犬のほうが人間よりもよく知っていると証拠なしに考えることは、帰無仮説を無視することだ。いずれ明らかになるように、きわめて単純な有機体も環境や仲間に対してみごとに適応するが、その適応についてみじんも理解してはいないだろう。しかし人間の場合は、会話を通じてすでに、自分が、自己や他人に対してきわめて高次の理解力を持っていることを知っている。

もちろん、わたしたちはだまされることもある。話し手が誠実であるか否かを決定することの難しさはよく言われることだ。言葉はもっとも有効なコミュニケーションの手段であると同時に、人をだましたりごまかしたりするのにももっとも有効な手段なのだ。とはいうものの、うそをつくのも簡単だが、うそつきを見つけるのも同じくらい簡単だ。うそが大きくなると、つくりあげた虚偽の世界の構造を維持するという在庫管理の問題がうそつきに襲いかかる。物語のなかでなら、無限に強力な欺瞞者を描くことは可能だ。悪の権化のような人にとっての「原理的に可能な」うそは、現実の世界では無視してもかまわない。それほどに膨大な虚偽をでっちあげ、かつ、一貫性を持ちつづけるというのは、ただもう奇跡的としか言いようがない。

わたしたちは、地球のどこでも、人々の好きなものや嫌いなもの、望みや恐れはだいたい同じであることを知っている。人々が、楽しい出来事を思い出すのが好きなことも知っている。誰でも目覚めたときに夢の話を思い出すことがあり、そのとき細かい部分を入念に再配置したり、再編集したりするのも知っている。さらに、妄想や悪夢、幻覚を見ることも知っている。香りやメロディによって過去の特別な出来事を思い出すこと、そして、口に出さずに心のなかで自分に語りかけることもよくあると知っている。科学的な心理学が生まれるはるか以前、すなわち、人間という対象について詳細な観察と実験が行なわれるはるか以前にも、このことはすべて常識だった。わたしたちは、人間についてのこれらの事実を昔からずっと知っていたが、それはわたしたちが、延々と、ともに語りあってきたからにほかならない。他方、人間以外の他の生物種の精神生活について、わたしたちはこれに匹敵するだけのことを一切知らない。それは、どの生物種ともそのことを語りあうことができないということなのだ。いや、他の生物種の心について知っていると思う人もいるだろう。しかし、わたしたちが昔から持っているそのような信念を裏付けるにせよ反論するにせよ、科学的な研究が必要なのである。

通じあわない心の問題

自分の考えていることを話そうとしない人、あるいはなにかの理由で話せない人について、その人がなにを考えているのかを知ることはとても難しい。しかしわたしたちは、話の通じないそういう人々ですら、詳細の確認は別にして、実際はなにかを考えている、すなわち、心を持っていると通常考えている。このかぎりのことは明白である。たとえばそれが、話そうとしない人の心のなかを想像して、きっと相手への意思疎通を断固拒み、そのあいだずっと自分だけの思いに耽っていて、場合によれば、自分の心のなかで起きていることを相手が推測するのは大変だろうなと意地悪く思っているんだろう、などと容易に理解できるからだとしても、前述のことは明白である。語るということは、心を持っていることの決定的な証拠になるにせよ、かならずしも心を持つことに代わるものではないのだ。この明白な事実を根拠として、わたしたちは次のような議論の余地のある結論を引き出す誘惑に駆られる。すなわち、心を持ってはいるが、なにを考えているかをわたしたちに伝えることができないようなものが存在するという結論だ。ただし、わたしたちにそれを伝えられないといっても、発声器官が麻痺していたり、失語症（脳の局所的損傷によって言語的なコミュニケーションをとる能力を持たない状態）のせいではなく、そもそも言語的能力の一切を欠いているからである。では、なぜこの結論には議論の余地があるというのだろうか。

まず、この考え方を支持する論拠を考えてみよう。いま述べたように、伝統的な考えも常識も、言葉なしでも心は存在するとしている。もちろん、心のなかで起こっていることを他の人と語りあう能力は、ある意味で周辺的な能力、つまり、コンピュータのレーザープリンタを「周辺」機器と呼ぶのと同じ意味で周辺的な能力にすぎない（プリンタと接続していなくても、コンピュータはなんの問題もなく計算できる）。人間以外の動物もまた、すくなくともその一部は、精神生活を持っている。もちろん、言葉を身につける前の人間の幼児や聾唖者、手話を覚えなかったという稀な聾唖者も心は持っている。たしかにわたしたちの心、すなわち、いま、わたしたちがしているような会話を理解できる人々の心とは測り知れない点で異なっているにせよ、これらの生物や人もまた心を持っている。

他者の心に至るわたしたちの王道は言語だが、この場合はそれらの心に到達する道ではない。しかし、それはあくまでもわたしたちの知識に限界があるということであって、これらのものや人の心に限界があるということではない。となると、一つの希望が生まれてくる。わたしたちの好奇心が体系的に接近不可能な心、すなわち、どんな調べ方をしても、知ることも確かめることも踏みこむこともできない心が存在するとは考えられないだろうか。

このような希望的提案に対する伝統的対応は、この希望に乗じるという態度だ。おそらく次のように反応するだろう。そう、たしかにそのとおりなのだ、結局、心とは、永久に未知な領域で、どのような科学もおよぶことがなく、また、言葉を持たない心の場合には、会話を通じて共感することも不可能である。こう考えてなにが悪いのだと。若干の謙遜は、当然わたしたちの好奇心を抑制するはずである。(なにが存在するのかに関する）存在論の問題を（どのようにしてそれについて知るのかに関する）認識論の問題と混同してはならない。探究に対して立ち入り禁止の領域である心というものについてのこのすばらしい事実を知って、わたしたちとしては安心するべきなのだから。

しかし、この結論に安心する前に、やはりわたしたち自身に関する別の事実が持つ意味を検討する必要がある。わたしたちはなにも考えていないのに知的な行動をすることがある。つまり、「自動的」あるいは「無意識的」に知的な行動をとる。たとえば、荒地を横切って歩いているというのは、科学的には周辺視における形状の光学的流れに関する情報を利用して歩幅を調節するということだろう。これはなんなのか。なにをしているのだろうか。答えは、なにもしていないということになる。いくら努力したところで、情報を利用する過程そのものに自覚的に注意を払うということは不可能なのだ。あるいは、ぐっすり眠っているあいだに左腕がねじまがって、左肩に無理な力がかかる姿勢をとっているというのはなにをしていることなのか。やはりなにもしていない。つまり、そのことはあなた自身の経験の一部ではないのだ。そういうとき、あなたはすぐに、かつ無意識にもっと「楽な」位置に姿勢を直し、睡眠の中断は生じない。このような自分の精神生活のなかで推定するしかない部分について論じろと言われても、うまくいくはずがない。わたしたちのなかでこのような賢い行動を支配するものがなんであれ、それはわたしたちの精神生活の一部ではない。ここで、また別の希望が生まれてくる。つまり、言葉を話さない生物のなかには、心を一切持たないけれども、すべてを「自動的」あるいは「無意識に」行なうものがいるという可能性である。

ここでも、この希望的提案に対する伝統的反応は、やはりそれに乗じるという態度である。そのような態度はこう反応する。そう、たしかにまったく心を欠いている生きものもいるだろう。もちろん、バクテリアは心を持っていない。多分、アメーバやヒトデも持っていない。あれほど賢い活動をするアリでさえ、心のないただの自動装置であり、まったく経験や思考なしに動きまわっているだけだという公算はかなり高い。ではマスはどうか。ニワトリは、ネズミは？　心を持つ生きものと持たない生きものとのあいだのどこに線を引くかということは、最終的に知り得ないのかもしれない。しかし、それはわれわれの知識がぶつかる不可避の制限の別の側面にすぎない。このような事実を知り得ないというのは原理的なことであって、たんに解明が難しいという程度のことではないのかもしれない。

さて、この段階で、不可知とされている事実が二種類ある。第一に、心を持ちながら自分の思考について語ることができないもののなかで起こっていることに関する事実と、第二に、そもそもどの生きものが心を持つかということに関する事実である。これら二つの事実は、いわば立ち入り禁止的に不可知であるが、程度が違う。「語ることができる心」と「語ることができない心」のあいだにある相違は、客観的な観察者にとって、その概要は容易に判別できるものの、細部に至るにしたがって判定が困難になるような相違かもしれない。つまり、投下した労力に対する報酬が逓減するという事例である。知られざることとして残されたものは、神秘ではなく、豊かな情報を持ちながらも残念ながら有限の長さにとどまる、さまざまな種類の心のあいだの、いわば類似と相違の一覧表のなかの空隙にすぎないということになるであろう。この場合には、種類の違う心のあいだの相違は、種類の違う言語、種類の違う音楽や美術の形式のあいだの相違のようなものであり、極限においては尽くしがたいが、望むだけの程度まで理解することができるといえよう。

しかしこれに対して、「心を持つ」ことと「心を持たない」ことのあいだの相違、すなわち、主観的観点を持つものであることと、岩や爪の切りかすのようにすべてが外側であり内側はなにもないものとの相違は、程度の違いではすまないような相違に思われる。どれほど研究しても、たとえばロブスターの殻の内側やロボットのピカピカのボディの裏に気にかけるべきなにものかがいるかどうかということすら、わたしたちには知り得ないという考えは、きわめて受け入れにくい。心を持つか否かというような道徳的に重要なこの種の事実が、わたしたちにとって原理的に不可知であるという提案は耐えがたい。これが意味するところは、どれほど心を追究しても、ある生きものの純粋に道徳的な利益を犠牲にして、実は心を持たない他の種類の生きものの利益というまったくの見当外れのものを守ることがあるかもしれないということである。この犠牲の結果について、それは避けられない無知であったというのは、世界のなかで自分が気づくことなく害をもたらしたときの弁明であることが多い。しかし、最初からわたしたちがすべての道徳的思考の基礎について、不可避的に無知であると宣言すべきだとすれば、道徳性はまやかしになる。だが、幸いにして、この結論は、受け入れるだけでなく、理解することも困難なものである。たとえば、左利きの人は意識のないゾンビであるから、自転車のように分解してもいいなどという主張は、理解不可能である。対極的に、バクテリアは苦しんでいるという主張や、ニンジンは故郷の大地から無造作に引き抜かれるのがつらいという主張もまた理解不可能である。明らかに、あるものは心を持ち、別のものは持たないということを、道徳的に確実な程度まで知ることは可能なのである（そして、それが問題のすべてだ）。

しかし、たとえその事実を知ることができたとしても、どのようにしてわたしたちが知るのかということについては、まだよくわからない。まず進化学者のエレイン・モーガンの次のような指摘の検討からはじめて、いくつかの事例について検討してみよう。

> 生まれたばかりの赤ん坊を見ていてびっくりするのは、生後一分もたたないうちから、そこにたしかに誰かがいるということです。ベッドにかがんで赤ん坊を見つめる人は、見つめかえされるのです。

わたしたち人間が誰かに見つめられたときに本能的に反応する様子を観察するかぎり、この指摘はまさに当を得たものである。しかし、それゆえに、わたしたちがいかにだまされやすいかをも示している。たとえば、人間はロボットにもごまかされ得るのである。マサチューセッツ工科大学人工知能研究室のロドニー・ブルックスとリン・アンドレア・スタインは、ロボット工学者たち（著者を含む）その他の人々からなるチームを結成して、人間らしいロボット「コグ」をつくろうとした。コグは他のロボットと同じように、金属とシリコンとガラスでできているが、設計のコンセプトはずいぶん異なり、かなり人間の設計に似ている。いずれ世界ではじめて意識を持つロボットになるだろう。

意識を持つロボットは可能か。わたしはかつて、「多元草稿モデル」という意識の理論を擁護したことがある。この理論においては、意識を持つロボットが原理的には可能である。コグもまた、そのような遠い目標を念頭において設計された。だが、いまのところ、コグが意識を持つのははるかかなたのことだ。コグはまだ、視覚も、聴覚も、触覚も持っていない。しかし、その身体は、局部的には、すでにごく人間らしく動く。小さなビデオカメラの目はサッカードと呼ばれる眼球の瞬間的運動を行ない、誰かが部屋に入ってくるとただちに焦点を合わせ、その人の動きを追跡する。このようにロボットから目で追われるのは、コグの製作者たちにとっても居心地の悪い奇妙な経験だ。事情を知らされていない人にとって、コグを見つめたときコグの目が自分を反射的に見つめ返すのは、「心臓が止まりそう」な体験であるが、べつに目のなかには誰もいない。少なくともいまのところは誰も存在していない。コグの腕は、現実世界で標準的なロボットとも、映画のなかで動き回るロボットのいずれとも違って、人間の腕と同じようにすばやく柔軟に動く。コグの広げた腕を押すと、気味が悪いほど人間そっくりの抵抗がある。ほとんどホラー映画なみに「きゃー、生きてる!」と叫んでしまうくらいだ。もちろん生きてはいない。しかし、生きているのだという直観のほうが影響力を持っている。

腕のことを忘れないうち、もうひとつ別の例を考えてみよう。ある人がひどい事故にあい、腕がちぎれてしまった。しかし、外科医は縫合できると考えた。いま、その腕は、手術台の上に置かれ、まだやわらかくて温かい。さて、この腕ははたして痛みを感じるだろうか（感じるとしたら、局部麻酔を注射するべきだろう。縫合する前に切断部分の組織をメスで削り取るなら当然のことである）。ばかばかしい提案だというかもしれない。なぜなら、痛みを感じるためには心が必要で、その腕が心が宿る肉体とつながっていない以上、腕になにをしても、いかなる心のなかでも苦しみが生じることはないではないか。いやひょっとして、腕には腕独自の心があるのかもしれない。腕はいつでも心を持っているのにそのことを話せなかっただけではないのか。たしかにそうかもしれない。腕には十分な数の神経細胞があり、まだきちんと発熱しつづけているではないか。ふつうはこれほど多くの神経細胞を持つ一個の有機体を発見したなら、それが、わたしたちにわかる言葉で表現できないにしても、痛みを感じる能力を持っていると考えてしまうだろう。ここで二つの直観の間に齟齬が生じる。すなわち、腕は心を持たないが、にもかかわらず、この腕は、人間以外の生物の場合であれば心を持っていると説得するに十分な生理的過程と物質を備えている。

では、行動が重要なのだろうか。ちぎれた腕の親指をつねったら向こうもつねりかえしてきたとしよう。その場合ならば局部麻酔が必要だと判断するだろうか。必要でないとすれば、それはなぜだろう。つねりかえすという反応が、おそらく「自動的な」反射的行動だったからか。しかし、なぜそういう確信が持てるのか。腕の神経細胞の仕組みになにか特別な点があるからなのだろうか。

このような難問についてあれこれと考えをめぐらすのは楽しい。また、つぎつぎと浮かんでくるさまざまな直観が、なぜその順序で浮かんでくるのかを解き明かそうとするとき、わたしたちは、心に関する素朴な考えについてもいろいろと大切な事実を学ぶ。しかし、さまざまな種類の心、そして、心であるとわたしたちをだます「心ならざるもの」を研究するには、もっといい方法があるに違いない。わたしたちはけっして知ることができないという敗北主義的な不可知論の結論にいつまでも落ち着いていてはいけない。すべての方途について、ただ想像してみるだけでなく実際に試してみて、最終的に嘆息すればいいのだ。そこに至る途中には、さまざまな驚きや発見が待ちうけているだろう。

最終的に排除するべきか否かは別として、心について考えるとき考慮に入れるべき展望の一つは、やはり言語は無視できるほど周辺的なものではないということである。言葉が加わった心と言語なしに持ち得る心はまったく異なり、両方を等しく心と呼ぶのは間違いである。いいかえれば、他の生きものの心には豊かな内容があり、人間にはわからないがその生きものにはわかっているという考えは幻想である。哲学者ルートウィヒ・ウィトゲンシュタインの有名な言葉がある、「一頭のライオンが話をしたとしても、わたしたちにはそのライオンを理解できない」(『哲学探究』五八年)。たしかにそういう可能性もあることは疑い得ない。しかしそのために、別の可能性から目をそらされることになる。すなわち、もし一頭でも話ができるライオンがいたら、異言語を翻訳する通常の努力さえあれば、そのライオンを問題なく理解できるかもしれない。しかし、そのライオンと話ができても、言葉を使えるライオンの心は普通のライオンの心とはかなり違うと思われるので、普通のライオンの心についてはほとんどなにもわからないだろうという可能性である。心に言語能力が加わることによって、ライオンがはじめて本当の心を持つと考えることになるのかもしれない。あるいは、そうではないかもしれない。いずれにしても、この可能性はよく調べてみるべきであり、言葉を話さない動物にも人間と同じような心があるはずだと、ただ伝統にしたがって思いこんではいけない。

理論化する以前にわたしたちが持っている直観に無批判に頼るのではなく、なにかそれに代わる探究方法を見つけようとするなら、わたしたちは、どのようにして考察を開始すればよいだろうか。まずは、歴史的な道筋、つまり、進化の道をたどってみることにしよう。これまで、いつでも心があったわけではない。わたしたちには心があるが、心を持つわたしたち人間がずっと存在していたのではない。わたしたちは、(それが心と呼べるとして) より単純な心を持つ存在から進化し、そのより単純な存在自体は、さらに単純な心の持ち主から進化してきた。ある時期、つまり、四、五十億年前には、単純であろうが複雑であろうが、心と呼べるものはまったく存在しなかった。少なくとも地球上には存在しなかったと言える。どのような変化がどんな順番で、どのように生じたのだろうか。詳細な年代や場所は、いまだ推測の域にとどまるしかないが、おおまかな段階は明らかになっている。一度その話の展開を語っておけば、少なくとも、このこみいった問題を整理する枠組みが得られるだろう。わたしたちはおそらく、「似て非なる心」「心の原型」「心に準ずるもの」などと、本物の心を区別する必要があるだろう。このような心の前段階をどう呼ぶかは別として、それがたどった進化の過程や、その根底にある条件や原則には、きっと同意できるはずである。次の章では、このような研究の手法について考えてみたい。

2　そこに意識は存在するか

わたしは何かに気づくと、その理由を知りたくなる。つまりこういうことだ。わたしがそのなかに見つけようとしているのは意識であり、さらに言えば意識を持つ誰か、つまり主体あるいは行為者の存在である。すべての出来事には行為者がいる——かつては、すべての出来事の裏に意識があった。それはわれわれ人間の習性のなかで、もっとも古いものだ。はたして動物にもその習性があるだろうか。

フリードリッヒ・ニーチェ『権力への意志』

主体の誕生

砂の粒は心を持たない。なぜなら、単純すぎるからである。もっと単純な炭素原子や水の分子も、もちろん心を持たない。以上の点について異論はないであろう。しかし、もっと大きな分子ならどうだろう。ウイルスは単一の巨大な分子である。この巨大分子は、小さな部分からなっているが、その部分の数が何十万、あるいは何百万となるかは、部分をどの程度の大きさで考えるかによる。このような原子レベル規模の部分が、いうまでもなく無意識に相互作用することによって、きわめて驚異的な結果を発生させる。なかでも、わたしたちの考察の観点から重要な結果は、自己複製である。ある種の巨大分子は、適切な条件が整った媒質のなかに置いておくと、自分自身の完全に正確な複製、あるいはほぼ完全に正確な複製を無意識に構成し、外へ送り出すという驚くべき能力を持っている。ＤＮＡとその原型であるＲＮＡはいずれもそのような能力を持つ巨大分子である。この過程が地球上のすべての生命の源であり、すべての種類の心、あるいは少なくともこの地球上のすべての心の歴史的前提条件でもある。単純な単細胞生物が出現するまでの十億年間、すでに、地球上には自己再生力を持つ巨大分子が存在し、たえず変異や成長をとげ、ときには自己修正すらして、さらにどんどん上手に、くりかえしくりかえし自己再生を行なっていた。

この自己再生という離れわざは偉大なものであり、現在つくることのできるロボットの能力をはるかに超えている。ではこのことは、これらの巨大分子が人間と同じような心を持つということを意味するのだろうか。もちろん、そんなはずはない。そして、これらの巨大分子は生きてさえいないのである。化学の観点からすれば、巨大分子はたんに巨大な結晶にすぎない。むしろ、この巨大な分子はごく小さな機械であると言ってよいだろう。すなわち、巨大分子というナノテクノロジーであり「ナノ」は、一〇のマイナス九乗。ナノテクノロジーは分子サイズのレベルでの工学を意味する」、自然がつくりだしたロボットなのである。自己再生能力を持つロボットが原理的に可能であることは、コンピュータの発明者の一人であるフォン・ノイマンによって数学的に証明されている。生命を持たない自己再生機構に関するノイマンのすぐれた設計は、RNAとDNAの設計と構造の細部をおおいに予感させるものだった。

わたしたちは、分子生物学という顕微鏡を通して、ただ存在して結果を有するだけでなく、行為を遂行する複雑さを備えた最初の巨大分子のなかに「主体性」の誕生を目撃することになる。もちろん、この主体性は、人間の場合の主体性のように完全なものではない。この巨大分子は自分がなにをしているか知らないが、わたしたち人間は対照的に、自分がなにをしているかほぼ完全に知っていることが多い。わたしたちにとって最良であるにせよ最悪であるにせよ、主体が人間であるとき、その主体は肯定的理由と否定的理由とを意識的に熟考したのちに意図的な行為を遂行することができる。主体が巨大分子である場合には事情は異なる。巨大分子が行なうことにも理由はあるのだが、主体である巨大分子は行為の理由を意識していない。しかしそれにもかかわらず、この巨大分子が持つような主体性こそが、わたしたち人間が持っている主体性が育つもととなる唯一の種子なのである。

巨大分子のレベルに見出される擬似的な主体性は、わたしたちにはどうもなじみにくく、なんとなくそりが合わない。主体の意図だ理由だといろいろ言っても、実はそこには誰もいないという感じである。この分子機構は驚くべき離れわざを演じる。明らかにその離れわざは巧みに設計されたものであるが、だからといって自分がなにをしているかについてその分賢くなっているわけでもないこともまた明らかである。次に掲げるRNA壊滅細胞（RNAファージ）の活動の説明について検討してみよう。この細胞は再生力のあるウイルスであり、自己複製力を持つ原初の巨大分子の子孫である。

このウイルスに必要なのは、第一に遺伝情報を入れて保存するための器である。第二に、その情報を宿主の細胞に移す手段である。第三にはるかに数の多い宿主の細胞のRNAに囲まれながら、自己の遺伝情報を再生する独特のメカニズムがなくてはならない。そして最後に、遺伝情報を再生させるための準備をしなくてはならない。普通はその過程で、宿主細胞は崩壊してしまう。……ウイルスは再生するために寄生する。そのときウイルスから宿主に提供するのは、ある種のタンパク質だけで、これはウイルスのRNAにとくに適応しているものである。このタンパク質からできている酵素は、「パスワード」としてウイルスのＲＮＡを感知したときにだけ活性化する。数としてはずっと多い宿主細胞のＲＮＡには目もくれず、パスワードを読み取ったときにだけ、ものすごい勢いで増殖しはじめるのだ。その結果、宿主細胞の内部にウイルスのＲＮＡがどんどん侵入する。ＲＮＡを被うコートタンパク質（ウイルスの殻を構成するタンパク質）も、同じように大量に合成される。最終的に、宿主の細胞は破裂し、そこからその子孫たちが多量に放出される。ここまでの過程は、すべて自動的に働くようにプログラムされており、次世代の分子の上にもこのプログラムがごく詳細に複写されている。

この文章の著者である分子生物学者マンフレート・アイゲンは、主体性を思わせる豊かな語彙をためらうことなく使っている。たとえば、増殖するという目的のためにウイルスは遺伝情報を再生する「準備」をしなくてはならないとか、増殖を促進するためにパスワードを「読み取り」、他の分子には「目もくれない」というようにである。もちろん、こうした言葉づかいは、詩人のみに許された逸脱のはずである。この場で用いるには、もとの意味を拡張しなくてはならないからだ。しかし、なんとも抵抗しがたい拡張である。このような主体性を思わせる言葉を援用することによって、現象が持つもっとも驚異的な特質、すなわち巨大分子がシステム化されているという点への注目を喚起することができる。この制御システムは、自分自身の活動を効率的に制御するだけでなく、さまざまな変異を適切に察知して、機会ごとに対応し、いわば機知に富み、狡猾ですらある。もちろん、この分子は「だまされる」こともあるが、それは、それまで祖先が定期的に出会ったことのない新奇な状況によってのみだ。非人格的で、反省することがなく、ロボットのような、心のないこの小さな機械こそが、この世界におけるあらゆる主体性の究極の基礎であり、したがって、意味の基礎であり、さらに、意識の基礎なのだ。このようにゆるぎない科学的事実が、神秘的とすら言える心のようなものについての論争に影響することは稀である。したがって、とりあえずここでは、その影響がどのようなことであるかを確認しておこう。

次の点については、もはや学問的に疑う余地はない。「わたしたち人間は、以上のような自己を再生するロボットたちの直接の子孫なのである」。わたしたちは哺乳類であり、すべての哺乳類は爬虫類から生じた。この爬虫類の祖先は魚類であり、この魚類の祖先である芋虫のような形の海洋生物は、さらに、もっと単純な多細胞生物の系統から数億年前に派生し、そして、約三十億年前、その多細胞生物の祖先にあたる単細胞生物が、自己再生力を持つ巨大分子から派生した。ここには、ただひとつの系統樹が存在するのであり、地球上に存在したすべての生きものは、動物にかぎらず、植物も藻も細菌も、この一本の系統樹の上に位置づけることができる。わたしたちは、どのチンパンジーとも、どの虫、どの草、どのアメリカアカスギとも祖先を共有しているのである。となると、これらの祖先のなかでもとくに、巨大分子の存在が重要となってくる。

極端に言うならば、わたしたちの曾曾曾曾曾……曾祖母はロボットだった。しかもわたしたちは、ロボットの末裔であるだけでなく、ロボットから構成されているとも言える。わたしたちの身体は、ヘモグロビン、抗体、ニューロン、あるいは目の反射機構など、分子レベルよりも上のあらゆるレベルで分析すると（もちろん脳も含めて）、エレガントに仕組まれたすばらしい仕事をある意味で愚直に実行する機構から構成されているということがわかるのだ。

ウイルスやバクテリアが心を持たずにせっせと破壊作業をする様子は、あたかも恐怖の小型自動装置たちが悪さをしているようで、そら恐ろしくもある。しかし、ウイルスやバクテリアは外部からの侵入者であって、自分の身体を構成する線維組織と似ても似つかないから安心だと思ってはいけない。あなたの身体は、侵入してくるウイルスと同じ種類の自動装置から構成されているのだ。自分自身のものである抗体は、人間性という特別の後光によって、その敵である抗原と区別されるのではない。あなたの抗体は、あなたというクラブに属しているからこそ、そのために闘っているにすぎない。何十億もが集まってあなたの脳を構成しているひとつひとつのニューロンは、細胞以外のなにものでもなく、この細胞というものは、感染症の原因になる細菌や、あるいは、桶でビールを発酵させたり、パン生地をふくらませるときに増殖するイースト菌と、生物学的には同じ種類のものなのである。

ひとつひとつの細胞は、かぎられた数の仕事をこなせるだけのごく小さな主体であり、ウイルスとほぼ同様に心を持たない。では、この無口なホムンクルス（小人）とも言うべき細胞を集めた結果が、意識を持ち、心を持つ本物の人間であるということなど、そもそも可能なのだろうか。しかし、近代科学にしたがうならば、これ以外に人間を生み出す方法は考えられない。たしかに、わたしたちの祖先がロボットだからといって、わたしたち自身がロボットだという結論は導けない。どう考えてみても、人間は魚類の直系の子孫であっても魚ではないし、バクテリアの直系の子孫であってもバクテリアではない。

しかし、（心身二元論者や生気論者がかつて考えていたような）謎の追加成分が存在するのでないかぎり、人間はロボットを要素として成り立っているのであり、別の言い方をすれば、わたしたちは、何兆もの巨大分子機械の集合物なのである。しかも、その巨大分子はすべて、複製能力を持つ原初の巨大分子を祖先とする。このようにして、ほかならぬわたしたちがそもそも意識の存在を示している以上、ロボットを要素として成り立っていて、かつ、真正な意識の存在を示すものがいることは可能なのである。

一部の人々にとっては、以上のようなことはすべて衝撃的で、ありそうもないと感じられるであろう。しかし、別の説明方法がどれほど絶望的なものであるかには、気づいていないのではないかと思う。二元論（すなわち、心は、非物質的かつ完全に神秘的なものから成り立っているという考え方）や生気論（生命体は物質的だがやはり神秘的なもの、たとえば「エラン・ヴィタール」が含まれているという考え方）は、錬金術や占星術とともに、すでに歴史のごみ捨て場に葬られている。地球は平らだとか、太陽は天馬に引かれた火車だとか主張するものはもういない。つまり、現代科学への不信が完全なものでないならば、わざわざそんな時代遅れの考え方を擁護するために論陣を張る余地はない。そこでまず、これまでの科学的知識を使って、心についてどのような物語を語ることができるか、考えてみることにしよう。そうすれば、わたしたちの心はより単純な心から進化したという考え方も、それほど悪くはないということになるかもしれない。

わたしたちの巨大分子型祖先は、ある点では主体のようなものだということは、さきのアイゲンからの引用でも明らかだ。しかし、別の点では、ひたすら受動的で、ランダムに漂い、あちらこちらから押されて動いているだけの存在である。銃に装塡されて待機しているようなものであると言いたくなる気もするが、やはり、「期待したり」「決意したり」「意図を持って」待ちかまえているわけではない。巨大分子がもし顎を大きく開いていても、鋼鉄の罠と同じ程度に意識はない。

では、何が変化をもたらしたのか。その変化は、急激に起きたのではない。まず、わたしたちの祖先は、心を手に入れる前に身体を得た。最初に、わたしたちの祖先は単細胞生物、すなわち原核生物（主に細菌や藍藻）となり、次に原核生物はある種の侵入物を取り込み、その結果、複雑な細胞、すなわち真核生物に進化した。この段階、すなわち単細胞生物が最初に現われてから約十億年後の段階までに、わたしたちの祖先はすでに、（多数の組織からなる）きわめて複雑な機械となっていた。しかし、まだ心は持っていなかった。この段階では、このように相変わらず受動的で行動目標が定まらないものであったが、それでも、外界からエネルギーや物質を取り込み、必要に応じて自己防衛や自己治癒するための、特殊な機能を持つ部分系を備えるようになっていた。

このように協調して作動する部分が精緻に組み上げられているといっても、まだそれほど心に似ているとは言えなかった。アリストテレスは、そのような組織、あるいはその子孫に名前を与えており、「栄養霊魂」と呼んだ。「栄養霊魂」はものではない。たとえば、細胞のなかで漂っている微視的な部分系とは異なるものである。それは、組織化の原理であり、アリストテレスによれば、形相であって実体ではない。植物や動物にかぎらず、単細胞生物も含めて、およそすべての生きものは、異なる状況に異なる仕方で活性化される自己制御・防衛的な組織を必要とする身体を持っている。このような組織はみごとに設計されているが、それは自然選択の過程を通じてであり、また、最低のレベルにおいては、その生命体が出会う受動的な条件によって接続・切断される、やはり受動的な無数の細かいスイッチから成り立っている。

他のすべての動物と同様、わたしたち人間も栄養霊魂を持っている。もちろん、この栄養霊魂は、自己制御・防衛的な組織であるが、わたしたちの神経組織とはまったく異なり、しかも、それよりも古い。そのような栄養霊魂の要素は、代謝システム、免疫システム、そして、身体内の自己修復と健康保持のための驚くほど複雑なシステムからなっている。こうした初期におけるシステム間の情報伝達の媒体は、神経ではなく血流であった。かつて電話やラジオがないころには、少し時間はかかるが信頼のできる郵便制度が貴重な情報の小包を世界中に届けていた。まったく同様に、生物の体内に神経システムができるはるか前には、身体は、ある意味で後進テクノロジーに依存していた。すなわち、いささか緩慢であるにせよ信頼できるシステムが身体中を循環し、必要な箇所に貴重な情報を届けて、身体を制御したり維持するのに一役かっていた。動物や植物にはこの原始的な郵便制度の名残りがある。動物の血液は養分や老廃物を運ぶと同時に、早い段階から情報ハイウェイの役割もはたしていた。植物内の液体の運動は、その植物の部分から部分へ信号を送る基本的媒体を提供していた。しかし、動物のなかでは、設計上の大きな革新が起こった。すなわち、単純な神経組織の発達である。この神経組織は自律神経系の祖先にあたり、より速く、より効率的な情報伝達の能力を持っていたが、この時点では主としてまだ体内で起こることに専念するものであった。自律神経系は、とうてい心とは言えないものであり、むしろ、植物の「栄養霊魂」という考えかたによる、生命システムの基本的な統合を保つ制御システムである。

わたしたちは、この原始的なシステムと、わたしたちの心とを明瞭に区別している。にもかかわらず、不思議なことに、細かく調べれば調べるほどそれが心とよく似ていることに気づく。小さなスイッチは原始的な感覚器官のようであるし、スイッチのオンとオフから生み出される結果は、意図的な行為のように思える。どうしてそうなのだろうか。それは、その行為が情報を伝達し、目的を追求するシステムによって生み出された結果だからである。それは、これらの細胞や細胞集合体が、あたかも、単純な心を持った小さな主体であり、環境の命ずるがままに動くことによって特定の使命をきちんとはたす召使いのように見える。世のなかにはこのようなものがあふれている。大きさは分子から大陸までさまざまであり、植物や動物、それを構成する部分（そしてそのまた部分）のような「自然の」ものばかりでなく人工物もある。サーモスタットは、こうした単純な擬似主体の身近な例だ。

わたしはこのようなものを、もっとも単純なものからもっとも複雑なものまで含めて、すべて「志向的システム」と呼ぼうと思う。そして、そのシステムが（擬似的なものであれ、真正なものであれ）主体であることが見えてくるときにそのシステムをとらえている視点を「志向的な構え」と呼ぼう。

「志向的に構える」ということ

志向的な構えとは、（人間、動物、人工物を問わず）ある対象の行動について、その実体を、「信念」や「欲求」を「考慮」して、主体的に「活動」を「選択」する合理的な活動体と見なして解釈するという方策である。ここで引用符つきでおそるおそる使った言葉は、「俗流心理学」――わたしたちがたがいの精神生活について議論するために日々利用する心理表現の領域――における本来の用法を拡大したものである。志向的な構えとは、わたしたち人間がおたがいに対して持っている態度や観点であり、したがって、これを人間以外の他のものに当てはめるということは、故意に擬人化をすることのように思われる。いったいどうして、これが、心を考える上で、すばらしい考え方だというのだろうか。

わたしは以下で、志向的な構えをとるということは、気をつけて使えば、ただすばらしい考えだというだけでなく、心に関する謎、いや、あらゆる種類の心に関する謎を解く鍵にもなるということを明らかにしていきたい。

この方法は、相違点を発見するために類似性を利用するというものである。つまり、祖先の心とわたしたちの心、そしてわたしたちの心と地球上の他の生物の心とのあいだに蓄積されてきた、膨大な相違点を発見しようというのである。しかし、この方法は注意して使わなければならない。なぜならば、いわば無内容な隠喩とあからさまな誤謬とのあいだで綱渡りしなければならないからだ。志向的な構えは使い方を誤れば、不注意な研究者を重大な誤謬に導くことになるが、正しく理解しさえすれば、さまざまな現象の根底に共通する統一性を明らかにし、どのような実験が必要かということを気づかせ、多くの分野に多大な成果をもたらしてくれる。

志向的な構えの基本的な手順は、対象を主体と見なすことによって、その行為や動作を予測し、そのような予測を利用して、行為や動作をある意味において説明するというものである。志向的な構えとはなにか、どういう特徴があるのかを理解するためには、行動の予測に用いられる別の二つの基本的な構え、あるいは基本戦略、すなわち物理的な構えと設計的な構えとを対比してみるとわかりやすい。物理的な構えとは、物理科学の通常のいくぶん面倒な手法のことだ。そこでは、取り上げる対象に関する物理法則と対象の物理的な構造に関するあらゆる知識を利用して予測を行なう。たとえば、わたしが、放り投げた石が地面に落下するだろうと予測するとき、この物理的な構えを使っている。わたしは石が信念や欲求を持つとは考えない。石が持つとわたしが考えているのは質量あるいは重さであり、したがって重力の法則に依存して予測を立てる。生物でも人工物でもないものについては、原子以下のレベルから天文学的レベルまで、物理的な構えのみが唯一利用可能な構えである。水が沸騰するとなぜ泡がたつのか、山脈はどうやって形成されたのか、太陽エネルギーはどこからくるのかなどの疑問に対する説明は、物理的な構えからなされる説明だ。物理的事物は、設計されたものであれ、生きているものであれ、あるいは、そのようなものでなくとも、すべて物理法則にしたがっており、物理的な構えから説明や予測のできる様態でふるまう。つまり、わたしの手を離れた物体が目覚まし時計や金魚であったとしても、わたしは、同じ基準によってその落下軌道について同じ予測をすることになる。そして、模型飛行機や鳥など、わたしの手を離れたとき異なる軌道をとることが当然であるものですら、すべての規模、すべての瞬間において物理法則にしたがってふるまうのである。

目覚まし時計は、(岩とは違って)設計されたものなので、物理的な構えよりも高級な予測方式、すなわち、設計的な構えからの予測にも適している。設計的な構えは予測をするためのすばらしい近道で、わたしたちはみな、この予測方式をいつも利用している。

わたしが、誰かから新しいデジタル式目覚まし時計をもらったとしよう。型式やモデルはわたしにははじめてのものだったが、外側にあるボタンやディスプレイを簡単に調べてみて、こういうふうにボタンを押すとかならず数時間後にこの目覚まし時計は大きな音を発するという確信を得る。その音がどんな音かはわからないが、少なくともわたしの目を覚ますのに十分な音であろう。ここでわたしは、このすばらしい規則性を説明する特別の物理法則を考え出す必要はない。その時計を分解して、部品の重さや電圧を測る必要もない。わたしとしては、その時計には「目覚まし時計」として設計された構造が備わっており、設計されたとおりに機能するだろうと「想定する」のみである。またわたしは、この予測に頼った以上、多大な危険を背負うことも覚悟している。よもや生命まで失うことはないだろうが、予定どおりの時間に起きられず講義や電車に間に合わないかもしれない。

この設計的な構えからの予測は、物理的な構えからの予測にくらべて危険の度合いが大きい。なぜなら、わたしが余計な想定をしておかなければならないからだ。たとえば、実際にその物体がわたしが当然と思うとおりに設計されているということ、そして、その物体が設計にしたがった動作をする、つまり、誤作動しないということを想定しなければならない。設計されたものについては、設計上の誤りがあることもあるし、また、壊れることもある。しかし、わたしが負担しているこの程度の危険は、予測の容易さから与えられる利益にくらべれば問題にならない。設計的な構えは、それが適用可能である場合には、対価も危険も小さく、わたしが持っているかぎられた物理的知識を、延々と適用するという無駄を避けさせてくれる近道なのだ。実際、わたしたちはみな、日常、設計的構えに生命をあずけている。すなわち、配線が間違っていたら死んでしまうかもしれないのに、電気器具のプラグを差したりスイッチを入れたりすることをためらわないし、すぐに死の危険のあるスピードまで加速することを知りながら、バスに自分からすすんで乗り込み、一度も乗ったことのないエレベーターでも、平然とボタンを押している。

設計的な構えからの予測は、上手に設計された人工物に関してすばらしい成果をあげているが、母なる自然がつくったもの、すなわち生物とその部分のふるまいの予測にもすばらしい成果をあげている。植物の成長や生殖について物理的、化学的に解明されるはるか以前、わたしたちの祖先は、種を蒔くとその結果当然のこととしてどうなるかということについて、設計的な構えがもたらす知識を信じて、文字どおり自分たちの命をあずけていた。すなわち、わたしがいく粒かの種を正しく土のなかに押し込むなら、その結果、数カ月のうちに（さらに少し世話をしてやれば）生きる糧が得られるというわけだ。

設計的な構えからの予測は、（安全だが、きちんと完全に遂行すると時間がかかる）物理的な構えからの予測にくらべると危険を伴うということはこれで明らかになったが、もっと危険でもっとすばやいのが、志向的な構えだ。あるいは、志向的な構えはさまざまな種類の主体に適用された設計的な構えの一種と見なすこともできる。

志向的な構えを目覚まし時計に適用してみよう。この目覚まし時計はわたしの下僕である。わたしが特定の起床時刻を目覚まし時計に理解させることによって、わたしを起こすように命じるならば、わたしは、それがいつ起床時刻になるかということを知覚し、わたしと約束した行為を義務として遂行するという相手の内的な能力に頼ることになる。すると、その目覚まし時計は、音を出す時刻はいまだと信じるに至るや否や、わたしが与えた指示ゆえに、しかるべく行為する動機を得るのである。もちろん目覚まし時計はごく単純なものなので、以上のような想像力たくましい擬人化は、目覚ましの機構をわたしたちが理解するためには必要ない。しかし、わたしたちは子どもに目覚まし時計の使い方を説明するとき、こんな言い方をしているということに注意してほしい、「起こしてもらいたい時間を教えてあげると、時計はちゃんと覚えていて、大きな音を鳴らしてくれるんだよ」。

志向的な構えは、問題の人工物が目覚まし時計よりもはるかに複雑になると、はるかに便利な方法、いや実際、ほとんど不可欠の方法となる。わたしが好んで引用する例は、チェスを指すコンピュータである。ラップトップかスーパーコンピュータかを問わず、コンピュータをチェスのプレイヤーに変身させるプログラムは何百種類とある。物理的構えや設計的構えのレベルでコンピュータにどんな違いがあっても、志向的構えに従うとあざやかに解釈することができる。つまり、コンピュータは勝利を欲し、チェスのルールや定石と盤上の駒の位置を知っている合理的主体だと見なすだけでよいのである。そうすればただちに、物理的な構えや設計的な構えを使うときより、それらのコンピュータの行動を予測し、解釈するという問題がはるかに容易なものとなる。つまり、コンピュータを相手にするときには、ゲームの最中のいかなる時点においてもただチェス盤を見つめ、コンピュータの番が来たときに許されるすべての指し手のリストをあげればよいのだ（そのリストには通常、数ダースほどの指し手の候補があげられることだろう）。なぜ、許されるすべての指し手にかぎればいいのか。あなたが推論するところ、そのコンピュータはチェスの試合に勝ちたいと欲し、しかも勝つためにはルールにかなった指し手のみを指さなければならないと知っている。そして合理的であるゆえに、そのような指し手のみに限定して考えているはずだからだ。さてそこで、そのような指し手を最善手（もっとも賢明、すなわち、もっとも合理的な手）から最悪手（もっとも愚かな、すなわち、自滅的な手）まで順番に並べて、そこであなたの予測、つまり、コンピュータは最善手を指すという予測を立ててみよう。おそらく、あなたはどれが最善手なのか確信できないこともあるだろう（コンピュータのほうがあなたより上手に局面を評価するかもしれないではないか）が、ほとんどつねに、四手か五手を除いて他の手を退けることが可能だし、それだけでも、絶大なる予測の手がかりができるはずだ。

　場合によっては、コンピュータ自身が、自滅に至らない手がただ一つしかなく、それしか指せないという自分の窮状を認識することがある。このときあなたは、最高の確信を持ってコンピュータの動きを予測できる。しかし、いかなる物理法則も、また、そのコンピュータに固有の設計も、この唯一の手を無理に指させているのではない。この一手は、他の手を捨ててその手を打つのが最善だという圧倒的な理由があるから指すことを余儀なくされているのである。チェスを指すいかなるものも、それがどんな物理的材料から構成されていようとも、その一手を指すことであろう。幽霊であろうが、天使であろうが、その一手を指す。ここであなたは、志向的構えからの予測をしている。それは、プログラムがどのように設計されていようとも、コンピュータにそうしなければならない理由と動機があると大胆に想定した上のことだ。要するに、あなたは、あたかもコンピュータが合理的な主体であるかのように考えて、そのコンピュータの行動を予測するのである。

　このような場合、志向的な構えは、たしかに便利な近道である。しかし、このことをどこまで真剣に受け取るべきだろうかという疑問が生じるかもしれない。コンピュータは、本当にそれに勝ったり負けたりすることについて気にしているのだろうか。目覚まし時計が主人に従うことを願望していると、なぜ言えるのだろう。わたしたちはたしかに、すべての真の目標は究極的には自己再生能力を持つ生物の窮状に由来するものであるという事実を信じている。そして、この信念を強化するために、生物が持つ自然的な目標と人工物の持つ目標との対比に着目することができるかもしれない。しかし他方で、そのシステムが持つ目標が真正であったり、自然であったり、いわゆる主体によって「真の意味で理解されて」いたりするか否かということとは関係なしに、(ともかくいささかでも意味を持つならば) 志向的な構えはかならず機能するということを認識しておかなければならない。そして、このように内部でなにが起きているかについての寛容さこそが、真の意味での目標追求がそもそもどのようにして確立され得るのかを理解するために、本質的に重要である。

巨大分子は本当に自己を再生したいと思っているのだろうか。志向的な構えはこのような問いかけにわたしたちがどのように答えるかとは無関係に、なにが起こっているかということだけを説明する。たとえばプラナリアやアメーバのような単純な有機体を考えてみよう。彼らは研究用のシャーレの底でただなんとなく動いているわけではなく、つねに栄養のある場所に向かい、害のある場所には近づかないようにしている。良いものを目指し、悪いものを避けているのだ。その良し悪しは、利用する人間にとってのものではなく、あくまでも活動主体にとってのものである。自分の得を追求するのは、合理的な主体に共通の基本的な特質だが、これは単純な有機体に独特の「追求」なのか、それとも一般的な「追求」なのだろうか。この疑問に答える必要はないだろう。いずれにしろ、この有機体が、予測できる志向的なシステムであることに変わりないからである。

このことはソクラテスも『メノン』のなかで指摘し、「みずから悪いことを望む人間がいるだろうか」と問いかけている。人間のような志向的なシステムは、誤解や誤報、あるいは精神異常のせいで悪を求めることがあるが、善を求めるのは合理性の持つ重要部分である。「善」そのものと「善の追求」との本質的な関連性は、自然淘汰を通じてわが祖先にもたらされた、いや課せられたものである。運悪く、遺伝的に悪を求めるようにつくられたものは、後世に子孫を残すことができなかった。自然淘汰をくぐり抜けて残ったものが、自分にとって良いと思われるもの（「判断」）を求める（「追求」）のは偶然ではない。ごく単純な有機体でも、自分にとって良いものを求めようとするなら、それを感知するためになんらかの感覚器や識別能力が必要である。つまり、良いものがあるときにはオンになり、ないときはオフになるスイッチのようなものだ。そのスイッチ（あるいは「変換器」）によって、身体の反応を正しく制御しなくてはならない。このような要求に応えて「機能」が発生したのである。岩が機能不全を起こさないのは、良かれ悪しかれ、これ以上の善を求める機能がないからである。志向的な構えからある対象をとらえようとするときは、まるでその対象の保護者にでもなったかのように、「わたしがこの有機体の立場だったらどうするだろう」と自問してみなければならない。ここで、志向的な構えの裏にある擬人性が明るみにでてくる。わたしたちは、すべての志向的なシステムを、自分とまったく同じように扱っているのである。もちろん、実際には同じはずはないのだが。

それでは、わたしたちは心を持つ人間の視点を無理に押しつけるという誤りをおかしているのだろうか。かならずしもそうとは言えない。進化の歴史における優位者にはよくあることなのだ。生物は何十億年もかけて進化をとげ、よりすぐれた構造を持つ組織を獲得し、より複雑にからみあう多くの善を求めた。その結果、言葉や言葉によってもたらされる内省的思考（この点についてはのちの章で取りあげる）を身につけた人間は、本書の発端となる疑問を抱けるまでになった。他者の心に対する関心である。わたしたちの先祖はこの疑問を素朴なアニミズムへと発展させた。動くもののすべてに、心や魂（ラテン語の「アニマ」）があるという考え方である。そして、「トラは人間を食べたがっているか」——おそらく食べたがっている——と考えるばかりか、「川はなぜ海にたどりつこうとするのか」、「望みどおりに雨を降らせてくれたお返しとして、雲はなにを欲しがっているのか」とまで考えるようになった。さらに進化すると——これはごく最近起こった変化で、長い進化の歴史のなかで他に類を見ないのだが——、人間はしだいに、いわゆる「非動物界」に対しては志向的な構えを当てはめなくなり、自分たちに近いものだけにかぎるようになった。主に動物だが、もちろん植物に用いることも多い。花を「だまし」て早く咲かせるために、人工的な暖かさや光を与えて春だと思いこませることもあるし、野菜を「その気にさせて」根を長く伸ばすため、わざと水をやるのを控えて欠乏状態をつくりだすこともある（わたしの家の林の高台にストローブ松が生えないのは「松は足元を湿らしておくのが好きだから」だと擬人化して説明してくれた樵夫がいた）。このような態度には、植物は自然で無害なものというばかりでなく、理解や重大な発見を促してくれるものだという考え方がある。ある植物に固有の器官があることがわかると、生物学者はまずそれが何のための器官であるかを考える。植物がこの器官を使って環境から情報を取りこもうとするのは、どのように手のこんだ計画を持っているからなのか。このような疑問に対する答えが、科学的に重要な発見となることが多いのである。

以上の議論から明らかなように、志向的なシステムとは、定義上、志向的な構えからその動きを予測したり説明したりすることができるすべてのものであり、かつ、それらにかぎられる。自己再生する巨大分子からサーモスタット、アメーバ、植物、ネズミ、コウモリ、人間、そしてチェスをするコンピュータまで、すべて志向的なシステムである。面白そうなものもあれば、それほどでないものもあるが、志向的な構えの要点は、対象の行為を理解するためにそれを主体としてとらえることである。さて、もしそうだとすれば、それは「賢い」主体のはずである。愚かな主体は愚かなことしかしないからだ。そこで、主体は（その観点がかぎられている以上は）もっとも賢明と思われる動きしかとらないと大胆に飛躍して想定することができるだろう。そのように想定すれば、わたしたちの予測は楽になる。そこで、限定されたその観点を記述するために、わたしたちは、主体が、なにを知覚し、どのような目標と欲求を持つかということを基礎として、特定の信念や欲求を持つと考える。しかし、予測をする際に本当に楽になるかどうかは、どのような特定の信念と欲求を持つと考えるかに決定的に依存している。すなわちこのことは、理論家がその信念と欲求をどのような特定の方法で表現するかということ、あるいは、問題になっている志向的システムによってどのように表現されているかということと密接な関係がある。この意味で、そのようなシステムは、哲学者が志向性と呼ぶものを持つことになる。それゆえにわたしはいま問題にしているようなシステムを志向的なシステムと呼ぶのである。

「志向性」(intentionality) という概念は、このような特殊な哲学的意味で使用したときには問題の多い概念であり、しばしば、哲学者でない人から誤解され、誤用されている。したがって、ここでまずその定義をはっきりさせておこう。哲学を含めた学問間の交流にとっては不幸なことに、哲学用語としての英語の intentionality には、不信の友と言うべき、二つの概念が関係している。この二つの intentionality の用法は、英語としてはまったく問題がないけれども、ここで扱う概念と簡単に混同されてしまうし、それほどまでに密接に関係を持っているのである。二つのうちの一方は日常的な用法であり、他方は専門的な用法である (わたしとしては、この後者について論じるのは、少しあとにしたい)。通常の表現で、わたしたちは、誰かの行為が intentional であるかどうかということを議論する [この場合の intentional は、日本語では「志向的」というよりは「意図的」と訳す場合が多い]。たとえば、橋桁に衝突した車の運転手は intentional に、つまり、意図的に自殺を試みたのか、それとも寝入ってしまったのか。そのとき現われた警官を「お父さん」と呼んだのは意図的か、それとも口がすべっただけなのか。さて、ここで問題にしているのは、本当に二つの行為が意図的という意味でintentionalなのだろうかということだ。日常的な意味、つまり、「意図的」という意味でならば、たしかにintentionalな行為である。しかし、哲学的な意味、つまり、「志向的」という意味ではintentionalな行為ではない。

哲学的な意味における「志向性」とは、「なにかについてであること」である。なにか自分とは別のものについての機能を持っているものは、志向性を備えていることになる。別の説明をするならば、志向性があるものはなにか別のものの表象を持っているものであると言える。しかし、この説明のほうがわかりにくいし、問題も多い。たとえば、はたして錠前はそれを開ける鍵の表象を含んでいると言えるだろうか。哲学的には、錠前と鍵はもっとも素朴なレベルの志向性である。脳細胞に含まれるオピオイド受容器もそうだ。オピオイドはエンドルフィン分子を受容するための組織で、何百万年ものあいだ自然に脳に備わっていたものである。錠前もオピオイドもだまされる。ニセの鍵で開いてしまうのだ。たとえば、モルヒネ分子はオピオイド受容器をだまして扉を開かせるために、最近になって人工的につくりだされた合鍵である（実際、脳独自の鎮痛物質であるエンドルフィンが発見されたのは、この特殊な受容器が先に発見されたからである。研究者はこの受容器についての、なにかが脳内にあるはずだと考えた）。こうした鍵穴と鍵という形での素朴な「なにかについてである」という関係は、よりすぐれたサブシステム、すなわち表象システムと呼ぶに値するシステムを自然が生み出す原点となったものである。そこで、まずは錠前と鍵の（擬似的な?）「なにかについてである」という関係を参照することによって、表象が持つ「なにかについてである」という関係について検討することが必要となる。

この論点をさらに追究して、サーモスタットについて考えてみよう。サーモスタットのバイメタルのバネの現在の形状は、現在の室温の表象であり、かつ、サーモスタットの調節つまみは、望ましい室温の表象であるということができる。しかしもちろん、これらのものが本来の意味では表象であるということを否定することも同程度に可能である。それでも、バネもつまみも室温についての情報を具現しているのであり、まさにそのように具体的な形を持つからこそ、単純な志向的なシステムの性能に寄与していると言えるのである。

哲学者はなぜこの「なにかについてである」という関係を「志向性」と呼ぶのだろうか。その理由は中世の哲学者にさかのぼる。彼らは、なにかに向かって弓矢を射る行為（intendere arucum in）とこのような現象が似ていることから、この言葉をつくりだした。志向的な現象は、いわば対象をねらう矢のようなものである。対象はさまざまで、現象が指向したり、示したり、ほのめかしたりしているものだ。もちろん、こうした極小の意識性の多くは、日常的に使われている意味では、意図的になにかをしているわけではない。たとえば、知覚や感情や記憶のレベルがさまざまな対象に向かっていても、一般的な意味でそれを意識しているとはかぎらない。対象は知らず知らずのうちに次のものへと移っていく。視界にぼんやりと馬が入っていても意図的に認識してはいない。しかし、その認識の状態は特別な「なにかについてである」という関係を示している。わたしたちはそれを馬として認識しているのである。もし、誤ってそれをヘラジカやバイクに乗った人間として認識したら、知覚は別のものとなる。弓矢はまったく別の、存在しないが確定的ななにかをねらうことになる。実在しないはずのヘラジカやバイク乗りという対象である。目の前にヘラジカがいると誤解するのと、バイクに乗った人がいると誤解するのとでは、心理的に大きな差があり、予測される結果にも大きな開きが生じるだろう。中世の理論家が着目したのは、志向性の弓矢はこのようになににも向けられないにもかかわらず、ねらいを定めることもあるという点であった。彼らは思考の向かう対象を、実在するものもしないものも含めて「志向的対象」と呼んだ。

なにかについて思考するためには、それについて思考する数ある可能な様式のなかの一つの様式において思考しなければならない。どのような志向的なシステムも、その「思考」がなんについてであれ、ともかくそれについて特定の一つの思考様式、たとえば、知覚、探索、同定、恐れ、回想などの様式のどれかに依存しなければならない。この依存関係こそが、実践的混乱と理論的混乱の両方を招くすべての機会を生み出している。実践的な面では、ある特定の志向的なシステムを混乱させる最良の方法は、思考する必要のあるどのような対象についても、それを知覚あるいは思考する（諸）様式における欠陥を利用することである。自然は、このために数えきれないほど多くの方法を試してきた。なぜならば、たいていの志向的なシステムにとって、他の志向的なシステムを混乱させることは、生きるための主要な目標の一つだからである。

結局、志向的なシステムであるどの生きものにも共通する狩猟的な欲求は、成長、自己修復、生殖のために必要な食糧に対する欲求である。そのために、生きものは食糧（よい材料）を、世界に存在するそれ以外のものから区別しなければならない。このことから帰結することは、もう一つの主要な欲求が、他の志向的なシステムの食糧にならないようにすることだということである。カムフラージュしたり、他のものの真似をしたり、隠れたり、盗んだり、その他多くの戦略が自然界の錠前あわせの関係を試し、それとともにより効果的な判別法と追跡法の進化を促進してきた。しかし、絶対に確実だと言える方法は存在しない。間違えるおそれなしになにかを理解することはできないのだ。だからこそ、わたしたち理論家にとって、志向的なシステムの内部で起こり得る多様な理解方法（そして間違った理解）を見きわめて判別する能力は、きわめて重要なのである。あるシステムがその環境をどのように「とらえて」いるかを理解するためには、ものごとに対するそのシステム独特の判別法、つまりものごとの「考え方」について、正確に説明できなくてはならないのである。

しかし、残念なことに、理論家であるわたしたちは、少々やりすぎてしまう傾向がある。つまり、言葉を使えるという能力のおかげで、わたしたちは思考のなかのものごとを区別するという無限の能力が、あたかも真正な志向性を持つことの保証書であるかのように考えてしまう。たとえばカエルは、飛んでいるものを舌でとらえるとき、間違って食べられないものを飲みこんでしまうことがある。いたずらっ子が投げたベアリングのボールや釣り糸の先の擬似餌を飲みこんだカエルは間違いをおかしたことになるが、正確にはどんな間違いなのだろう。カエルはなにを捕まえたと思ったのだろうか。ハエ？　空中を漂う餌？　黒くてでこぼこした動くもの？　わたしたち言葉を使うものは、カエルの思考（もしあるとすれば）の内容を、どこまでも明確に判別することができる。しかし、そこには、カエルに本物の志向性があるか否かを確かめる前に、まずカエルの状態や活動を人間の思考とその命題的内容について考えるのと（原理的には）同じぐらい正確に限定しなくてはならないという仮定が存在するのである。

これが、理論的な混乱の主な原因であった。そのうえさらに困ったことに、言語の持つ無限に細かな識別能力そのものを指す便利な論理学起源の専門用語が存在する。それは、「内包性（intensionality）」である。この綴りにsがつく内包性は言語が持つ特徴である。すなわち、他のどんな表象システム（絵、地図、グラフ、「サーチ・イメージ」……そして心）についても直接に適用されることはない。論理学者の普通の用法では、言語における単語や記号は、論理的あるいは機能的な単語（ならば、そして、または、でない、すべて、いくつかなど）と、名辞すなわち述語に分けられる。名辞すなわち述語は、話題にともなって多種多様である（赤い、高い、祖父、空気、二流のソネット作家など）。

名辞すなわち述語にはすべて意味があり、どれも外延すなわち、その言葉が示すものやその集合と、内包すなわち、対象となるものやその集合に独特の選別や決定の方法を持つ。たとえば、「チェルシー・クリントンの父親」と「九五年のアメリカ合衆国大統領」はどちらも同じ対象、つまり、ビル・クリントンを指しているから、外延は同じである。しかし、対象は同じでも、視点はまったく別の方向から注がれているため、異なる内包を持つ。同様に、「等辺三角形」という名辞は「等角三角形」という名辞とまったく同じ集合を選別するものである。つまり、この二つの言葉は同じ外延を持っているが、同じことを意味していない。前者は三辺が同じ長さの三角形についての表現であるし、後者は三つの角度が等しい三角形についての表現である。このように、内包は外延と対置されるものである。変な言い方であるが、普通に「意味」といっているものを意味する。となると、内包という言葉の意味するものは志向性と同じ意味なのだろうか。

論理学者によると、さまざまな目的のために、わたしたちは言葉に含まれる多くの内包の差異は無視して、外延だけに注目することができる。バラはなんと呼ばれようと甘い香りがする。したがってバラを話題にする場合、バラという種を選び出す方法は無限にあるが、論理学の観点から見るとそのすべてが同等である。水はH_2Oなので、水に関する話は、「水」という言葉で語られようと、「H_2O」という言葉に置きかえようと、内容の真実性は変わらないはずだ。たとえ、この二つの言葉の意味、すなわち内包はまったく違っていても、変わりはない。このような融通性は、とくに数学のような分野を語る場合に有効である。数学では、「等しいものを代入する」という行為がつねに利用される。「4の2乗」と「16」は同じ数をあらわしているため、入れ換え自由である。このような代入の自由に対して、論理学では「指示の透明性」という的確な名が与えられている。たしかに、言葉の向こうにそれが指している対象を見通すことができる。しかし、話題がバラそのものではなく、バラについて考えること、あるいはバラについて語ることのときには、内包の違いが問題になる。そのため、話題が志向的なシステムやその信念および欲求であるときはいつも、理論家が使用する言語は内包が問題になる言語なのである。論理学者の言葉を借りれば、このような論述は「指示の不透明性」を示していることになるだろう。たしかに透明ではない。名辞が邪魔して、話題となっていることを微妙に混乱させるように介入してくるのである。志向的な構えを用いるとき、指示の不透明性が実際にどれほどの影響をおよぼすかを明らかにするため、志向的な構えから行動をとらえる基本的な事例について考えてみることにしよう。対象は人間である。わたしたちはいつでもなんの苦もなしに志向的な構えからものを見ているが、内容を深く読み解くことはまずない。そこで、最近の哲学論文から一つの例を拾ってみた。少々奇妙ではあるが、通常より細部まで掘り下げた例である。

ブルータスはシーザーを殺したかった。シーザーは不死ではなく、そうである以上、刺殺（つまり、心臓にナイフを突き刺す）がシーザーを殺す方法だと確信したからである。ブルータスがシーザーを刺せると思ったのは、自分がナイフを持っているのを覚えていたうえ、広場でシーザーが自分の左隣に立っているのを見たからだ。そして、ブルータスは自分の左側の人を刺す動機を持った。よって、そのとおりのことを実行し、シーザーを殺した。

（イズラエル、ペリー、土屋「執行、動機、完遂」九三年）

この説明のなかで、「シーザー」という言葉が巧妙な形で二重の役割を負わされていることに注目してほしい。トーガを着てフォーラムに立っている男性「シーザー」を指すごく普通の役割だけでなく、ブルータスが目指した男性を示す役割もおびている。ブルータスにとって、シーザーが自分の隣に立っていることに気づくだけでは不十分だった。ブルータス自身がその男を、自分が殺したいと思っているシーザーと同一であると認識しなくてはならない。ブルータスが、シーザーの左側にいるカシアスをシーザーと取り違えていたら、シーザーを殺さなかっただろう。引用のとおり、自分の左側にいる男を刺す動機がなかったはずだ。なぜなら、自分の左側の人物と目標とする人物を結ぶ重要な関連性が、ブルータスの心のなかで認識できなかったからである。

命題の正確さという誤った目標

主体が行為するときには、つねに、環境に関する特定の理解（または誤解）に基づいている。志向的な構えからの説明や予測は、この理解を把握することによって可能になる。つまり、志向的なシステムの行為を予測するためには、その主体の信念や欲求が何についてのものであるかを知り、かつそのような信念や欲求がどのような形でその対象をとらえているかを、少なくとも大雑把に知って、信念の対象と願望の対象とのあいだに本質的な関係が存在するか、あるいは、これから存在するかということを述べることができなければならない。

しかし、いまわたしが「志向的な構えをとるときには、関心の対象をどのように理解しているのか少なくとも大雑把に知っておかなくてはならない」と述べたことに注意してほしい。この点に注意を向けないと、混乱が生じる。普通の場合には、説明と予測をするために、主体が自分の達成目標をどのような形でとらえているかということを厳密に知る必要はない。志向的な構えは、通常かなりの幅を許容しているが、これはこれで幸いなことである。なぜならば、活動の主体が自分の達成目標についてどのような形で考えているかを「厳密に」表現しようという課題は、数篇の詩を顕微鏡を通して読もうとするのが的はずれであるのと同じくらい、間違って設定された課題だからだ。問題となっている主体自身が、特定の区別を明確にすることができる言語を使って環境を理解しているのでないかぎり、わたしたちの言語が持つすばらしい識別能力をうまく活用し、その主体の特定の思考内容や思考法、あるいはさまざまな種類の感受性を表現させようというのは不可能だからだ（しかし、間接的にならば、言語を利用して、そのような特定の特徴を理論的な脈絡が必要とする程度の細部にわたって記述することは可能である）。

この論点は、次のような、一見説得力がありそうな議論を重ねるうちに見失われることが多い。たとえば、こういう形の議論だ。犬は考えるのだろうか。考えるとすれば、犬は特定の思考内容を考えているはずだ。なぜならば、なにかを考えるという以上、その考えは、特定のなんらかの思考内容を持たざるを得ないからだ。

さて、特定の思考内容は、特定の概念から構成されている。たとえば、

わたしの皿は、牛肉が山盛りだということ

という思考内容を持つためには、「皿」とか「牛肉」という概念を持っていなければならない。そして、これらの概念を持つためには、さらに別の多くの概念（バケツ、小皿、牛、肉など）を持っていなければならない。なぜならば、この特定の思考内容は、

そのバケツは、牛肉が一杯だということ

という思考内容と（わたしたちにとっては）容易に区別され得るし、また当然、

わたし用の小皿に、山盛りの仔牛のレバーがあるということ

という思考内容と区別され得るからである。さらに、この思考内容は、

わたしが食べるときいつも使っているものの上にある赤くておいしい物質は、いつも彼らがわたしに食べさせている乾いた物質ではないということ

という思考内容とも容易に区別できることは言うまでもない。

では、この犬が考えている思考内容はどれなのであろうか、あるいは、どれとどれなのであろうか。わたしたちは、その犬が考えている特定の思考内容をどのようにして厳密に、たとえば英語で表現することができるのであろうか。そのような表現が不可能であるならば（そして、もちろん不可能であるのだが）、犬はまったく考えることができないということになるか、あるいは犬の思考内容は仕組みとして表現するのは不可能であり、そのため、わたしたちの理解の範囲を超えるということになるかのいずれかになる。

実際には、このいずれの結論も導かれない。そもそも犬の「思考」が（人間の言語で）表現できないのは、人間の言語表現が事態をあまりに細かく切り分けるという単純な理由によるのかもしれないという考え方が通常無視されている。さらにその考え方からただちに導かれる論理的帰結、すなわちわたしたちが表現できないものを網羅的に記述し尽くし、いっさい神秘的な残余物がないようにすることが可能であるという考え方も、無視されることが普通である。しかし、犬がものごとについて独特の分別の方法を持っていることは確実である。そのような分別方法を組み合わせて、他の動物とはまったく異なる犬独特のさまざまな「概念」が生まれていると考えてよい。

これらの分別方法のそれぞれがどのような仕組みで機能し、どのように合成されるかということについて見当がつけば、犬の思考内容について、たとえその内容を表現する単一の文を見つけることができなかったとしても、自分以外の人間が考えていることの内容を会話から推しはかれる程度には、理解できるようになるであろう。

　わたしたち人間の場合は、人間にだけ許されている高い観点から、ほかのさまざまなものに対して志向的な構えを適用するというわたしたち独特のわざを適用する。このとき、わたしたちの分別方法を適用対象に押しつけており、その結果、過大な明確さ、内容の過大な明晰さと分節化、そして、過大な構成原理を持ちこんでしまうという危険をおかしている。また同時に、わたしたち自身の心が持っている特定の種類の構成原理を、犬のように人間より単純なシステムのモデルに持ちこむという危険もおかしているのである。しかし、わたしたちの欲求、わたしたちの願望、そして、わたしたちの心の営み、さらに、わたしたちの心の諸能力のすべてが、これらのさまざまな段階の心たちによって共有されてはいないのである。

　多くの有機体は太陽を「経験」しており、また、その軌道を生活の指針にするものすら存在している。ヒマワリは、空を横切る太陽を追って少しずつ花の向きを動かすという最小の労力で、陽光への露出を最大化しているが、太陽をさえぎる傘には対処できないし、翌日の日の出の時刻が遅くなることはある程度計算可能であるのに、それを予期する能力もなく、それに合わせてゆっくりとした単純な「動き」を調節することもできない。植物と異なり動物には、そのように調節する洗練された能力があり、獲物から見えないように陰に隠れて自分の位置を調節したり、日向でのんびりと昼寝をするときに木の影がすぐに伸びることを（おぼろげに、しかも考えることなしに）理解して場所を決めることもできる。動物は他のもの（配偶者、獲物、子ども、気に入っている餌場など）を追跡し、再認するのである。しかし人間の場合には、たんに太陽を追跡するだけではない。わたしたちは、太陽について存在論的発見をなしとげる。つまり、あそこに見えるものは、太陽であり、同じ太陽が毎日現われるということを発見するのである。

ドイツの論理学者ゴットロープ・フレーゲが紹介したある事実については、一世紀以上にわたって、多くの論理学者や哲学者が論じてきた。フォスフォルスとして古代の人に知られていた明けの明星とヘスペルスとして知られていた宵の明星とが、金星という同一の天体であるという事実である。今日では周知の事実だが、二つの星が同一であるというこの発見は、天文学における初期の重大な進歩だった。実際、現代人の誰ひとりとして、本の助けを借りずに、本質的な証拠を積み重ねてその同一性を証明することはできないだろう。それなのにわたしたちは、子どもでもこの仮説を簡単に理解し（従順に受け入れ）てきた。人間以外に、この二つの小さな明るい点が同一の天体であるという仮説を述べたり、まして検証できる生物がいることは想像だにできない。

毎日空を横切るあの巨大な熱い円盤は、日ごとに別の新しいものではあり得ないのだろうか。このような疑問を抱くこと、それすら、わたしたち人間という生物種だけにしかできない。太陽や月と、季節とをくらべてみよう。春は毎年やってくるが、わたしたちは去年と同じ春が帰ってきたかと思うことは（もはや）ない。おそらく、春を女神として人格化していたころには、特定の春という個体が回帰したのであり、春という普遍者がくりかえし登場するのではないと古代の人々は見ていたのであろう。しかし、他の生物種にとっては、このようなことは問題にもならない。変化にとりわけ敏感な生物は、ある範囲のことについては、人間が自前の感覚器官だけを使って区別するよりもはるかに細かい違いを区別できる（もちろん、顕微鏡、分光計、ガス・クロマトグラフなどの補助的拡張の手段があれば、人間は地球上のいかなる生物よりもすべての観点で微細な区別をつけることができるのであるが）。しかしそのような生物は、本書で以下に示すように、ごくかぎられた反省能力しか持たないし、その感受性はかぎられた可能性にのみ、せまく働いている。

一方、人間は「なんでも信じられる」存在である。表向きは、わたしたちがなにを信じられるかということには限界がないし、そして、信念の内容をどこまで細かく区別できるかについても限界がないように思われる。たとえば、わたしたちは、

太陽は毎日同一の星であり、かつ、いままでもそうであった

と信じることと、

一九〇〇年一月一日に今の太陽が以前の太陽から役目を引きついで以来、太陽はずっと毎日同一の星である

と信じることとを区別することができる。わたしは、後者を信じる人はいないと思うが、それでも、この信念がどういうものであるかということはわかるし、標準的な信念とも区別できるし、また、

太陽の一番最近の交代は、一九八六年六月十二日に起きた

という同様にばかげた信念とも、容易に区別することができる。

志向的なシステムが、ある心的状態を持つことを表現する場合、基本的には、命題的態度と呼ばれるものを表現する次のような形の文を使う。

xはpを信じる。
yはqを望む。
zはrかどうか疑っている。

これらの文は、三つの部分からなっている。問題となる志向的システムを指す表現(x、y、z)、そのシステムが持っている態度を指す表現(信じる、望む、疑うなど)、そして、その態度の特定の内容すなわち意味を指す表現、この場合にはp、q、rの文字で示されている命題である。もちろん、志向的システムがなんらかの態度を持つことを表現する実際の文では、これらの命題は、(英語の、あるいは、その話し手が使っている言語がなんであれその言語の)文として表現され、また、そのような文は、同

じ外延を持つ言葉に勝手には置きかえられないような言葉を含んでいる。この最後の点こそ、指示に不透明であるという特徴である。

このようにして、命題とは、わたしたちが信念を同定したり測定したりするのに用いられる理論上の対象であることがわかる。二人の人間が一つの信念を共有するということは、その二人が同一の命題を信じているということだ。では、いったい命題とはなにか。哲学者たちが相互に認めている慣習では、命題とは、ある範囲のすべての文によって共有されている抽象的な意味のことであり、どのような範囲かというならば、まあ、同じことを意味するすべての文という範囲ということになるだろうか……。おやおや、なんだか雲行きがあやしくなって、いまわしい悪循環が見えてきたようだ。

要するに、おそらく、

1 雪は白い。

2 La neige est blanche.（フランス語）

3 Der Schnee ist weiss.（ドイツ語）

という三つの文によって同一の命題が表現されているということなのであろう。

結局のところ、雪は白いという信念をトムが持つとわたしが考えるときには、フランス人のピエールとドイツ人のウィルヘルムが、それぞれの言語で、同じ信念をトムが持つと考えたいわけである。彼ら二人がトムに対して行なっていることをトムが知る必要はないという事実は、ここでは問題にならない。そのようなことをいうならば、トムは、わたしがそのようにトムについて行なっていることを知る必要もない。というのは、トムは猫かもしれないし、トルコ語しか話せないトルコ人かもしれないからである。

では、次の三つの文は、同一の命題を共有しているのだろうか。

4　ビルはサムを殴った。
5　サムはビルに殴られた。
6　サムが被害者である殴打行為の実行者はビルだった。

この三つの文章は「同じ内容を語っている」が、それにもかかわらず、「その同じ内容」をそれぞれ違う言い方で語っている。命題は、語り方によって分類されるべきであろうか、それとも語られた内容によって分類されるべきであろうか。この問題に結着をつけるためには、単純であるが理論的にも魅力的な方法が一つ存在する。それは、そもそも信じる能力のある人にとって、一つの命題を信じ、別のいずれかを信じないのは可能かという疑問を提出することだ。もしそれが可能であれば、その三つのうちの二つは異なる命題であるということになる。つまり結局、命題が信念測定のための理論的対象であるためには、いま述べた判定方法が失敗しないように望んでいる。しかし、トムが英語を喋らない場合、あるいはなにも喋らない場合には、いったいどうやってこの判定方法を適用したらよいのだろうか。わたしたちが、なんらかのシステムが信念を持つと考えるとき、あるいは少なくとも、言葉を使ってそのような信念を持っていると表現するときには、わたしたちは特定の言語という表現体系に拘束されざるを得ないのであり、しかも、言語同士は、語彙だけでなくその構造に関しても異なっているのである。そのような特定の一つの言語を使うことを強いられてしまうと、いやがおうでも、その場面が許容する以上に細かい区別を採用しなければならなくなる。この点こそまさに、この節の最初で、志向的な構えが成功するために十分である大雑把な内容帰属に関して指摘した警告の要点である。

哲学者ポール・チャーチランドは命題を数になぞらえて説明した（『心の可塑性と実在論』七九年）。数とはやはり、多くの物理的属性を測定するのに用いられる抽象的な対象だ。

xの重さは144グラムである。

yの速さは毎秒12メートルである。

明らかに、ここに現われる数は、その役割を適切にはたしている。わたしたちは「等しいものを代入する」ことができる。xの重さは2掛ける72グラムであるということや、yの速さは毎秒9プラス3メートルであるというのを認めるのはまったく問題ない。問題が生じるのは、すでに見てきたように、変形と等価代入に関する同じ規則を、同じ命題であると考えられているものの異なる表現に適用しようと試みるときである。ああ、残念ながら、命題は、数ほどに適切な理論的対象ではないのである。むしろ命題は、数というよりはドルのようなものだと言えよう。

この山羊は五十ドルの価値がある。

では、ギリシアのドラクマだといくらになるだろうか。(そして、何曜日の)ロシアのルーブルではどうだろう。あるいは、古代アテネとくらべたとき、また、マルコ・ポーロの遠征の支度の一部としたときでは、現代よりも価値があるのだろうか、あるいは現代よりもないのだろうか。もちろん、山羊は持ち主にとってはつねに価値があることは疑えないし、わたしたちにとっても、貨幣なり砂金なりパンなりと交換することによって、あるいは、わたしたちが交換する場面を想像することによって、その価値を大雑把に、実際的に測定することができることも疑えない。しかし、経済的価値を測るための一つの固定した、中立的で永遠のシステムは存在しない。同様に、命題を用いて意味を測るための一つの固定した、中立的で永遠のシステムも存在しない。だからどうだというのだろうか。たしかに、そんなシステムが存在すればすばらしいことであろう。そうすれば世のなかはもっとすっきりするし、理論家の仕事も単純になるだろう。しかし実のところ、経済理論にとっても、志向的システムの理論にとっても、そのような測定のための単一基準による普遍的な測定システムは必要ないのである。健全な経済理論は、すべての局面において一般化された経済価値の測定の不正確さを排除できなかったとしても、その事実に脅かされることはない。同様に、健全な志向的システムの理論も、同一の普遍的分光計によって意味を測定すると不正確さがつきまとうという事実によって脅かされることはない。この不正確さの排除不可能という困難に対して警戒を怠らないかぎり、それぞれの局面においては、どのように大雑把でお手軽な測定システムを使用しても、まったく満足のいく形で問題に対処することができる。

以下の章では、わたしたちの「なんでも信じられる」能力を認めて、それをもっと「下等な」生物に当てはめると、事実を簡単に整理することができるということを明らかにする。すなわち、次にどこを見ればいいかがわかり、境界条件を設定し、類似と相違のパターンを浮かび上がらせることができるであろう。しかし、これまで見てきたように、注意を怠ると、そのとき自分の視野をひどく歪めてしまうことにもなるのである。たしかに、有機体全体についても、有機体の持つ多くのサブシステムの一つについても、それを、明らかに知的な目的に向けて素朴に考えなしに追求する基礎的な志向的システムとして扱うことは当然可能である。しかし、そのような基礎的な志向的システムに対して、自分の行動について反省的に評価する能力を想定することは必要ない。わたしたちが持っているような種類の反省的思考能力は、まさに、進化を通じてごく最近になって獲得した新技術なのである。

原初的な、自己再生能力を持つ巨大分子は、事実としてそれが為すことについてさまざまな理由を持っていた。しかし、その理由に巨大分子はまったく気づいていなかったのである。対照的に、わたしたち人間は自分の行動の理由を知っていたり、あるいは知っていると思っていたりするだけでなく、理由を明確に表現し、検討し、批判し、分かちあっている。わたしたちの理由は、たんに、行為の理由というだけではなく、わたしたちにとっての理由なのである。

巨大分子から人間に至るまでには、語るべき事柄がかなりある。たとえば、カッコウの卵が他の鳥の巣で、そうとは知らない養父母にかえされた場合を考えてみよう。殻から顔をだしたヒナが最初にすることは、他の卵を巣から落とすことである。これは簡単にできることではなく、また、ヒナの残忍なまでの身勝手さと、いかなる障害も乗り越えて他の卵を投げだそうとする能力にはただ驚くばかりである。カッコウのヒナはなぜそんなことをするのだろうか。それは、他の卵をほうっておくと、育ててくれる代替親の注意をひく競争相手になるからだ。競争相手を排除することによって、ヒナは、受け取る食料と保護を最大化することができるのである。生まれたばかりのヒナは、もちろんなにも知らない。自分の残忍な行為の正当化の根拠にまったく気づいていない。正当化の根拠は、端的にそこに存在していることだけであり、疑うべくもなく、悠久の時にわたってその生得的な行動を形成してきたのだ。たとえカッコウ自身はそれを理解できなくても、わたしたちは理解している。このような正当化の根拠を、わたしは「自由浮遊的」根拠と呼びたい。なぜなら、そのような根拠は、当該の行動を形成し、洗練する過程で（つまり、たとえばその情報的欲求を提供するような際に）進化論的な時間の流れにおいて影響力を持ってきたにもかかわらず、ヒナのどこにも、他のどこにも表象されていないからである。いわば、カッコウの戦略的な原則は明示的に符号化されるのではなく、自然によって設計された特徴からなる大きなシステムのなかに暗黙のうちに刻みこまれるのである。

どのような過程を経て、行為のこのような理由が、実際に進化してきたある種の心のなかにとらえられ、明確化されたのだろうか。これはなかなかいい質問だ。この疑問に対する解答で、これから数章を費やすことになるが、その前に、一部の哲学者がほのめかしている疑念を問題にしなければならない。そのような哲学者はこう言うだろう。「ほら見ろ。君は後ろ向きに考えている。君が提案していることは、擬似的な志向性を使って真の志向性を説明しようとするものである」と。しかもそれだけではない。彼らから見れば、わたしの説明は、本来的あるいは内在的な志向性と派生的志向性のあいだにある重要な区別を認めていないようにも見えるのである。ではいったい、その重要な区別とはどのようなものなのだろうか。

本来的な志向性と派生的な志向性

一部の哲学者たちは、八〇年のジョン・サールの論文「心・脳・プログラム」にしたがって、志向性を二つの種類に分ける。すなわち内在的な（あるいは、本来的な）志向性と派生的な志向性との二つである。内在的な志向性とは、わたしたちの思考、わたしたちの信念、わたしたちの欲求、わたしたちの意図が持つ「なにかについて」であるという性質そのものである。この志向性は、わたしたちの人工的産出物である単語、文章、本、地図、絵、コンピュータ・プログラムが、限定的、派生的な意味で「なにかについて」であることの源泉である。このような人工物にも志向性があるのは、わたしたちの心が寛大にもそれを付与したからにほかならない。人工的な表象が持つ派生的な志向性は、その表象を生み出した真正な、内在的で本質的な志向性に依存して寄生的に存在する。

この主張を支持する理由はたくさんある。いまあなたに、目を閉じてパリのことや自分の母親のことを考えてもらおう。そのときのあなたの考えは、そもそも「ついて」ということのもっとも本来的かつ直接的な意味で、それらのものに「ついて」の考えである。これに対して、パリを文字で描写したり、母親の姿をスケッチしたりするとき、紙の上に結んだ像がパリに「ついて」であるとか、母親に「ついて」であるとされるのは、その像を描いたあなたの意図があるからにすぎない。像をつくったあなたがその責任を取るのであり、あなたがつくったこれらのものが、なにについてであるかということを宣言し、決定しなければならない。言語という慣習的制度が存在するので、あなたはそれに頼って、紙の上の記号に意味を吹き込む手助けをしている。自分がこれから「パリ」という言葉を言ったり書いたりするときには、ボストンのことを意味しているとか、あるいは、ミシェル・ファイファーのことを「お母さん」と呼ぶことにするとさきほど宣言したというのでないかぎり、あなたが属する言語共同体のなかで合意されている標準的な意味づけが有効であると想定されている。そしてさらに、このような言語慣習は、その言語共同体が共有する意図に依存している。このようにして、外在的な像はその意味、すなわち、その内包と外延とを、像をつくり使用する人々の内在的、心的状態と心的行為が持つ意味から得ることになる。すなわち、そのような内在的状態と内在的行為が、本来の志向性を持つことになるのである。

人工的な像が派生的な地位にあるという論点は否定のしようがない。鉛筆で記された文字それ自体は何も意味しない。この点は、あいまいな文章の場合にひときわ明瞭である。哲学者W・V・O・クワインがよい例をあげている。

Our mothers bore us.

この英語の文章はなにについてのものだろう。母親たちの退屈さについて、動詞bore「退屈させる」を現在形で使ってぐちを述べた文なのか、それとも、わたしたちが誰から生まれたかということについて、動詞bear「産む」の過去形を使って当たり前のことを言っているだけなのだろうか。どちらなのかは、この文章を生み出した本人にたずねなくてはわからない。文を構成する紙の上の印そのものにはどちらかを決めるものがなにもない。文を構成する紙の上の印そのものが内在的な志向性を持たないことは間違いない。この印がそもそもいささかでもなんらかの意味を持つとしたら、それは、その人の心のなかの表象システムにおいて一定の役割をはたしているからである。

この場合、像を生み出す人の心的状態や心的行為についてはどうなるのだろうか。なにが心的状態や心的行為に志向性を与えるのだろうか。一般的に受け入れられている解答の一つは、心の状態や活動に意味があるのは、それ自体がある種の言語、すなわち思考の言語で綴られているからであるというものである。つまり、「思考語」というわけである。しかし、この解答は絶望的だ。ただし、絶望的とはいっても、人間の脳の内部で起きていることに、このような言語システムを発見できる可能性がないからではない。実際、その可能性は存在している。とはいえ、そういう言語があったとしても、英語やフランス語のような一般的な言語とそっくりのシステムではないだろう。この答えが絶望的なのは、むしろ、それがわたしたちの提示した疑問点に答えないで、問題を先送りにしているだけだからである。つまり、こういうことだ。まず、思考語が存在するとしてみよう。さてそこで、この言語の単語の意味はなにに由来するだろうか。そして、自分の思考語の文章の意味はどのようにすればわかるのだろうか。

　ここで、このような「思考語」仮説の生みの親でありライバルでもある「観念の絵画理論」とくらべてみると、この問題点の意味が鮮明になる。観念の絵画理論によれば、思考は像のようなものであり、思考がまさにその思考の対象についてのものであるのは、絵画の場合と同じように、その対象に似ているからであるとされる。たとえば、わたしは牛についてのわたしの観念とアヒルについての観念をどのようにして区別しているのだろうか？　もちろん、この絵画理論では、アヒルについてのわたしの観念がアヒルに似ているのに牛には似ていないということによって区別しているということになる。絵画理論によるこの答えは、「では、アヒルがどんな姿をしているかということをどうしてわかるのか」という疑問をただちに提起してしまうので、同様に絶望的である。ここでもまた、「思考語」仮説の場合と同じく、脳の内部の像とそれの表現対象が絵画的に似ていることを利用するイメージ・システムがあり得ないから絶望的なのではない。むしろ、そのようなシステムは可能だし、実際に存在し、それがどのように機能するかが解明されつつあるのである。わたしたちの基本的な疑問への解答として観念の絵画理論が絶望的なのは、やはり、その理論が当の理解に依存し、その結果、悪循環に陥っているからなのである。

わたしたちの志向性という問題への答えは、簡単なものである。表象的な人工物（文章やスケッチなど）は派生的な志向性を持っているが、それは、そのような人工物の作り手の活動によって志向性を持つということである。紙片に書かれた買物リストは、それを書いた主体の意図に由来する派生的な志向性を持っている。同じことが、書き手によって記憶のなかに保持されている買物リストについても言えるのである。その志向性は、紙に書かれた買物リストとまったく同じであり、そして、同じ理由によって派生的な志向性である。同様に、心のなかの母親のイメージ、あるいは心のなかのミシェル・ファイファーのイメージも、紙に描いたスケッチと同じく派生的な意味で、その対象についてのものである。これは内在的であり、スケッチのように外在的ではない。しかし、脳がつくりだしたものであることに変わりはなく、脳内の内在的な活動の効率化における役割、現実の外部環境における身体の複雑な活動を統制する際の役割が原因となって、母親やミシェル・ファイファーを実際に意味しているのである。

では、わたしたちの脳は、どのようにしてそのように驚くべき能力を備えた驚くべき心的状態の構造を持つに至ったのだろうか。同じ議論をするならば、脳もまた人工物なのであり、その部品である心的状態が持つ志向性は、いずれも、それを一部とするより大きなシステムの効率化のための役割ゆえに得られるものである。いいかえれば、創造者、すなわち、母なる自然（あるいは、自然選択による進化過程として知られているもの）の意図ゆえに得られるものなのだ。

脳の状態の志向性は、それを設計したシステムあるいはプロセスの志向性から派生したという考え方は、たしかにはじめは奇妙で魅力のないものであるだろう。しかし、その考え方が間違いなく正しいと思われる状況を考えれば、この考え方がそもそもどういうものであるかが理解できるはずだ。たとえば、どこかでつくられたロボットの「脳」が（派生的な）意識を持っているかどうか疑問に思ったような場合を考えてみよう。スーパーでショッピングカートを押しながら、記号が書かれたメモにときおり目を落としているロボットに出会った。そのメモの一行は、次のようだった。

MILK@.5×GAL if P<2×QT\P else 2×MILK@QT

そこで、「このわけのわからないメモは、なににについてのメモですか」とたずねるとする。すると、ロボットはこう答える。「ミルクを半ガロン買うこと、ただし値段がクオート（四分の一ガロン）の二倍以下の場合だけ。わたしには、クオートのほうが運びやすい。こういうことをメモしてあるだけですよ」。

ロボットが発した音声という人工物も、書かれたものをわたしたちの使っている言語に訳しただけのものなのだが、それ自身の派生的な意味を明確に持っている。では、この記号の列や音声はどこから志向性を得たのだろうか。ロボット設計者のすぐれた技術から得たということは疑えない。ただし、きわめて間接的な意味においてである。設計者がおそらくこのメモを生み出すコスト重視の原則を式にして直接ロボットにインストールしたのだろう。これは、あまり面白くない可能性ではあるが、同時に、派生的な志向性が、もとをたどればそれを生み出した設計者の志向性にかならずたどりつくということにほかならない。もし、設計者がもっと凝ったことをしていれば、はるかに興味深いことが起こる。たとえば、現代の技術の粋を集めれば、さまざまな点でコストに敏感なロボットをつくり、ロボット自身の「経験」からその原則を採用すべきだと「見当をつけ」させることもできる。このような場合、この原則はハードウェアに組み込まれることにはならないので、柔軟な適用が可能である。近い将来、ロボットはさらに多くの「経験」から、結局はコストを考えるよりも、どんなに高くてもより便利な四分の一ガロン入りの牛乳を買うと判断するようになるだろう。

　そうなると、いったい、ロボット設計者はどこまで自分で設計し、どこまでロボット自身にまかせたことになるのだろうか。制御システムが、情報収集と情報評価のための随伴するサブシステムとともに、精巧になればなるほどロボット自身の寄与が増え、時間を経て、もはや設計者にもかなり不可解なものとなるかもしれない。そして、ロボットにとっての「作者」が、ロボット自身であると自分で主張する要求も高まるだろう。

　そんなロボットはまだ存在しないが、いつかは登場するかもしれない。ロボットの話をした目的は、そもそも内在的な志向性と派生的な志向性を区別するきっかけとなった対立関係が、派生的な志向性だけからなる世界のなかにも存在することを示すためである（つまり、もともとの区別を論じたときには、人工物の意味を知るために、「その作者にたずねる」ことが必要であった）。この区別が派生的な志向性の内部で見つかることからわかるのは、派生的な志向性が別の派生的志向性から派生しているということだ。また、内在的な志向性（形而上学的に本来的な志向性）という幻想が、どのようにして生まれるかもわかる。

では、難解な人工物の作者は、その人工物の派生的志向性の源泉となるために内在的な志向性を持たなくてはならないと思われるかもしれないが、そうではない。すくなくともこのロボットの場合には、内在的な志向性がはたすべき役割がないことは明らかである。ここで想定されたロボットは、さらに別の人工物に派生的な志向性を付与することができる点においては、わたしたちと同じ能力を持っている。ロボットは、自分の計画を進め、害になるものを避けながら、世界のなかを動きまわる。最初は、そのたんに派生的な志向性、すなわち、作者によって設計され組み込まれた志向性に頼っているが、次には、環境に関する情報をしだいに貯えて、今度は自己設計のプロセスによって派生的志向性を生み出していくのである。

おそらくわたしたちも同じ境遇にあるのかもしれない。つまり、たんなる派生的な志向性の力のおかげで生きているのかもしれないのである。内在的な志向性なるものがどのようなものであれ、それがあったとして、いったいわたしたちに、進化によって設計された人工物としては受け継がれてこなかった、どのような大恩恵をもたらしてくれるというのだろうか。内在的志向性を求めるということは、おそらく、ありもしないものを欲しがっているだけのことであるかもしれない。

このように考える展望が開けたことは、すばらしい。なぜなら、わたしたちが話し、書き、そして、さまざまな謎について疑問を持つことを可能にする複雑な志向性は、もっと素朴な志向性を祖先とし構成部分とする、進化過程が生んだ産物であることを否定できないとわかったからだ。つまり、わたしたちはロボットの子孫であり、ロボットを部分として構成されているのだ。わたしたちが享受する志向性は、このような数十億もの原初的な志向的システムが持つより基本的な志向性から派生したものにほかならない。ここで、わたしは志向性を後ろ向きに考えているわけではなく、むしろ、前向きにとらえている。それこそが唯一の希望ある彷徨である。しかし、まだまだ先は長い。

3　身体と心

わたしは、遠い将来には、はるかに重要な研究分野が開かれているだろうと考える。心理学は新しい基礎の上に築かれるようになるであろう。すなわち、漸次的変化による個々の心的能力の必然的獲得という基礎である。その結果、人間の起源と歴史について解明があたえられるであろう。

チャールズ・ダーウィン『種の起源』

刺激反応から知覚へ

それではいよいよ旅にでかけることにしよう。母なる自然、今日でいう自然選択による進化過程そのものは先見性を持ちあわせていないが、先見性を持つ生きものを少しずつ育んできた。心の仕事は未来を築くことであると、かつて詩人のポール・ヴァレリーは言ったが、心とは、基本的には、予感するものであり、期待を生成するものである。現在を掘りおこして手がかりを求め、そこに過去から貯えておいた資源を加えて精製し、未来の予測をつくりだす。そして苦労して手に入れた予測に基づいて、合理的に行為する。

生物の世界では資源をめぐる競争は不可避であるために、この作業はどの生物にとっても、子どもの宝探しごっこのようなものと考えられる。必要なものを探しあて、それを欲しがる相手から隠すというわけである。最初の自己再生生物である巨大分子は、必要を満たすための単純な、といっても比較的単純なという意味での単純な方法を進化させた。巨大分子の探索行動は、ただランダム・ウォークでたらめに動きまわるだけであり、探索用につくられた触手を持っているというだけだ。そして欲しいものにうまく行きあたったら、それをつかむ。計画も、「サーチ・イメージ」も、探しているものの表象も持たず、触手だけに頼る探索方法だ。まさに「錠前と鍵」である。だから巨大分子は探していることを自覚していなかったし、その必要もなかった。

「必要なことだけを知る」という原則は、諜報活動の世界のルールとして有名である。諜報員には、任務を遂行するために必要な情報以外はいっさい与えるべからずというルールである。これとほぼ同じ原則が、全生物の構造においても何十億年ものあいだ尊重され、何兆通りもの方法で守られつづけてきた。生物を形づくる主体（あるいは、微小主体や擬似主体であるかもしれないが）には、ＣＩＡやＫＧＢのスパイさながらに、ごくかぎられた特殊な任務を遂行するのに必要な情報しか与えられない。諜報活動の場合、それは正当化、安全保障のためだが、自然界の原理は効率である。もっともコストが低く、楽にできあがったシステムが母なる自然の「目にとまり」、迷うことなく選択される。

ところで、もっともコストの低い構造がもっとも効率的だったり、もっとも小さかったりするとはかぎらない。役に立たない余分なものを加えたり残したりしておくほうが、自然にとってはかえってコストが低くなることが多い。理由は単純である。余分なものであっても、複製と進化の過程を経て創造されたものは、取りのぞくのに法外なコストがかかるからだ。突然変異体の多くには、ある遺伝子を抹消するのではなく、ただ休止させる暗号が埋めこまれている。遺伝空間ではそのほうがずっと低コストですむ。同じような現象は人間の技術の世界、とくにコンピュータのプログラミング作業で日常的に起こっている。プログラマーがあるプログラムをバージョンアップするとき（たとえば、「三太郎6・1」を「三太郎7・0」に入れかえるとき）によくやるのは、古いコードのすぐ次の行に新しいコードをつけ加えるという方法である。まず、古いコードを複写し、それを編集する。そして、新しくできたコードを走らせたりコンパイルしたりする前に、古いコードを「コメントアウト」しておく。つまり、古いコードをファイルから消去してしまうのではなく、行の最初と最後に特定のマークを書きこんで区切っておき、その部分をとばして読むようコンピュータに指示する。「ゲノム」に残った古いプログラムが二度と表現型に表出しないように、印をつけるのである。念のために古いコードを保存しておいてもコストはほとんどかからないし、いつか使えることがあるかもしれない。たとえば、環境が変わって結局は古いバージョンのほうがよくなることもありうるし、古いバージョンを価値のあるものにつくりかえられる日がくるかもしれない。苦労してつくったプログラムを軽々しく捨てるべきではない。ゼロからつくりなおすのは大変だろう。進化の過程でも、解明が進むにつれて、この方法が頻繁に利用され、前段階の遺物がいくどとなく再利用されていることが明らかになってきた(このような構造の節約と蓄積の原則については、拙著『ダーウィンの危険な思想』にくわしく述べてある)。

巨大分子は、自分がなにをしているのか、その活動がなぜ自分の生活に必要なのかを知る必要はなかった。もちろん、その子孫である単細胞生物も、ずいぶん複雑になったにもかかわらず、自分がなにをしているのか、その活動がなぜ自分の生活に必要なのかを知る必要はなかった。ということは、何十億年ものあいだ、理由そのものはあったが、理由を表現する生きもの、理由を表象する生きもの、そして、さらには理由を評価する生きものは存在していなかったということになる(もちろん、母なる自然すなわち自然選択の過程は、黙々と無意識に、最良の構造に繁栄をもたらすことによって、暗黙のうちに適切な理由をみずから評価してきた)。わたしたちのように遅れてきた理論家が、はじめてそのパターンを理解し、これらの理由、すなわち延々と創造されつづけてきた構造の自由浮遊的根拠を見出したのである。

わたしたちはそのパターンを説明するとき、志向的な構えを用いる。有機体のもっとも単純な構造の特徴、すなわちオンとオフだけのスイッチよりも単純な不変の特徴を生み出し改良していくプロセスも、志向的な構えによって説明できる。たとえば、理論家がどんなに想像をたくましくしてみても、植物には心がない。しかし、進化を重ねるうちに、競争を通じて数学的なゲーム理論のモデルになるような特徴が生まれ、植物とその競争者は、わたしたちと同じような行動の主体であるかのようになった。進化の過程で長いこと草食動物に食い荒らされる一方だった植物は、報復の手段として毒性を身につけることがある。すると今度は、草食動物の消化システムが進化して、毒への耐性を備え、ふたたびその植物を食べられるようになる。最初の試みに失敗した植物は、やがて次の手としてさらに強力な毒やとげで守りをかためる。こうして、徐々にエスカレートしながら、武力拡張競争がくりかえされるのである。ある時点で、捕食者は報復ではなく選別の道を「選び」、他の食糧を探すようになる。すると、新たな標的となった毒性のない植物は、動物の識別能力の弱点をなんとか突こうとして、毒のある植物の姿やにおいを「真似る」手段を開発し、彼らの防御手段をただで拝借して身を守る。草食動物の消化システムや植物には普通の意味での心らしいものはないが、この場合の自由浮遊的な根拠ははっきりと予測できる。

こうしたプロセス全体は、わたしたちの基準からするといらいらするほどゆっくりと進む。かくれんぼの鬼が誰かを見つけるまでに、何千年も、何千世代もかかるのである（もっとも、条件によっては驚くほど速いペースで進むこともある）。進化のパターンが現われるスピードがあまりにも緩慢なので、普通の速さで情報を処理しても目には見えない。志向的な構えから概観しないと、突然変異や類似種として見過ごしてしまう恐れがある。「自分にとっての」普通のスピードにこだわる傾向は、自己時間尺度中心主義とでも呼べばいいだろうか。知人のなかでもっとも聡明で頭の回転の速い人を、超スローモーションで撮影したとしよう。いつもの当意即妙の受け応えや立て板に水のごとき弁舌も、口のまわりに重たく張りついたように見えてしまい、どんなに辛抱強い人でも飽きあきするだろう。普通のスピードなら知的に見えるものでも、スローモーションでは絶対にそうは見えない。

また、わたしたちは時間の尺度のズレにまどわされて、道に迷ってしまうこともある。コマ落とし撮影した映像を思い浮かべれば、よくわかる。草花がわずか数秒で成長し、みるみるうちにつぼみを持って開花する様子を見れば、どうしても志向的な構えから考えてしまう。この花は、なんと、ひたすらに上を目指すのだろう。陽のよくあたる場所を占領し、葉をしっかりと広げるために、まわりの植物と競いながら、まるでボクサーのようにひょいと頭を下げたり身をかわしたりして、じつにうまく相手のパンチをよけている。このように、まったく同じパターンでも、映すスピード次第で見え方が違ってくる。心のあるなしがはっきりしたり、逆に見えにくくなったり、あるいはそう感じさせたりするのだ（空間的な尺度にも、このような見え方の違いを生じさせる力がある。もしブヨがカモメぐらい大きかったら、ブヨに心があると思う人はもっと増えるだろうし、カワウソのおどけたしぐさが顕微鏡を通してしか見えないとしたら、いまほど自信を持って「彼らは遊びが大好きだ」とは言えなくなるだろう）。

なにかに心があると考えるためには、それが正しいスピードで起こっていなくてはならない。なにかに心があると信じるなら、選択の余地はなく、感じたとおりにしか受けとれない。しかし、それはわたしたち観察者のせいなのだろうか。それとも、心とは元来そういうものなのだろうか。心が引き起こす現象で速度がはたす役割は、実際にはなんだろう。わたしたちの心よりもはるかにゆっくりと活動する心は、本当に存在し得るのだろうか。そう思うのには理由がある。もし地球にやってきた火星人が、わたしたちと同じことを何千倍も、何万倍も速く考えるとしたら、彼らにはわたしたちが愚鈍に見え、地球人に心があるという仮説を一笑に付するのではないだろうか。そうだとすれば、彼らは間違っている。さきほどの自己時間尺度中心主義に陥っていると言えよう。同じように、わたしたちもきわめてゆっくりと考える心の存在を否定しようとするなら、たんに人間の考えるスピードが好ましいなどという理由ではなく、それなりの根拠を見つけなくてはならない。それはどんな根拠だろうか。重力の影響から脱して地球を離れるために一定以上の速度が必要なように、心にも最低限の速さが必要だという考えもあるだろう。しかし、それを証明する理論がなければ、この考えは支持されるどころか、注目さえしてもらえない。

では、システムをどんどん速く動かしていると、いつしか「心のバリアがこわれ」、それまでなにもなかったところに心が生まれるという説明ではどうだろう。あるいは、動きによる摩擦で熱が生じ、その温度が一定以上になると化学的なレベルでなんらかの変化が起きるのだろうか。加速器のなかの粒子が光速に近づき、とてつもない質量になるようなものなのか。しかし、それにしても、なぜそれで心ができるのか。脳の各部が高速で回転すると一つの容器のようになって、心の粒子を逃さずに蓄積し、それが臨界量に達すると凝集して心ができるのか。このような仮説のいずれかが提起され、立証されないかぎり、心には絶対的な速度が必要だという考えに説得力はない。逆に、相対的な速度のほうを有効とする立派な理由があるからだ。知覚し、思考し、行動するまでの過程はすべて、周囲に広がる環境に応じて心の意図することを十分に達成できる速度で行なわれる。志向的なシステムにとって、「予測」が遅れて実行のタイミングに間に合わなければ、未来を想像してもなんの意味もないからだ。進化の過程では、他の条件が同じなら、反応が遅いものよりも速いほうが優遇され、最終期限に間に合わないものは滅びていくのが当然なのである。

しかし、光の速度が毎時百キロで、それ以外のすべての物理的事象やプロセスもそれに合わせて遅い惑星があったらどうだろうか。実際には、物理的な世界で起こる事象の速度は度量衡の都合で速くなったり遅くなったりすることがないため（哲学者が空想的な思考をめぐらして経験する場合を除く）、相対速度は絶対速度と同じく有効である。投げた石が目標に近づく速さ、光がその石にぶつかって跳ねかえる速さ、警告の声が空気を伝わる速さ、そして百キロの身体を毎時二十キロの速さで右から左へと敏速に動かせる力、さらに、これらをはじめ、数多くの仕様が決められれば、特定のスピードのときだけに現われるおかしな「突発的現象」は別にして、脳は一定かつ最低限の速度で動くはずである。逆に言えば、操作速度の要件によって、脳はその速度を保てる情報伝達メディアを用いる。一つにはこうした理由から、心がなにでできているのかを決めるには相対速度が重要なのである。しかし、理由はこれだけではないだろう。問題とする事象がもっとゆっくりした速度で展開するとすれば、別のメディアにも心のようなものが発生するだろう。

このようなパターンは、現象に対して志向的な構えを当てはめてみたときにだけわかる。植物や動物の種や系統は、非常に長い時間をかけて条件の変化を感知し、合理的な方法でその変化に対処することができる。予測し、説明する手段を見つけるのが志向的な構えなのである。個々の植物はもっと短いスパンで環境の変化を感じとり、それに適した反応を示している。新しい葉や枝を伸ばして日光を浴び、水を求めて根をはる。草食動物による猛攻撃をかわすために、食べられる部分の化学的な組成を一時的に調整する種もあるほどだ。

この程度のゆっくりしたペースの刺激反応は、サーモスタットやコンピュータなどの人工的な刺激反応と同じで、ほんとうの識別現象すなわち知覚のありふれた模倣にすぎないように思える。おそらく、「たんなる志向的システム」と「本当の心」を見分けるには、その対象に知覚が備わっているかどうかを調べれば分かるだろう。

では、知覚とはなんだろうか。いまだかつてきちんとした定義がなかったのだが、一般にはもっともレベルの低い意識を思わせる言葉である。この点については、知覚とたんなる刺激反応とを対比させて考えてみたい。たんなる刺激反応とは、単細胞生物や植物、車の燃料ゲージ、カメラのフィルムなどが示す現象だ。刺激反応は、意識をまったく必要としない。写真のフィルムは、感じとった光度の差が映像に現われるだけである。温度計は、温度の違いを感受する物質でできている。リトマス試験紙は酸を感知する。植物や「低レベル」の動物、すなわちクラゲや海綿などには、刺激反応性はあっても知覚性がないのに対し、「高レベル」の動物には知覚があるというのが大方の意見である。人間と同様、高度な動物には多くの感覚器があり、それが個別の事象に対して個々に刺激反応を示すが、それだけではない。高等動物には知覚という特性も備わっていると言われている。この特性とはいったいどんなものなのだろうか。

知覚の価値とはどんなものだろう。刺激反応性より優れているのだろうか、それとも劣っているのだろうか。こんな質問がされることはめったになく、それに対するきちんとした答えもなかった。よい答えが見つかると考えてはいけない。いいかえれば、質問自体がよい質問とはいえないのだ。知覚という概念を使おうとするなら、わかっている断片をつなぎあわせてその概念を定義しなくてはならないだろう。知覚には、刺激反応に加えて未確定の要素xが多少なりとも必要であることは、誰しも認めるところだろう。だから、さまざまなタイプの刺激反応やその役割に注目し、決定的な要素と思われるものを真剣に探せば、いずれ知覚について理解できるかもしれない。そうすれば、わたしたちの終わりのないストーリーに知覚という事象を加えることができるかもしれないし、あるいは知覚を特別なカテゴリーとしてとらえようとする観念そのものが雲散霧消してしまうかもしれない。とにかく、これで意識のある人間と、刺激反応性はあるが知覚のない祖先、すなわち巨大分子とを分けることができそうだ。刺激反応と知覚の大きな違いを見つけられそうなところは素材、すなわち情報を伝えて変化させるメディアである。

メディアとメッセージ

第二章の冒頭で簡単に触れた主体の発達について、ここでもう少しくわしく検討しておく必要がある。もっとも初期の制御システムは、身体を保護するだけのものだった。植物は生きているが、脳はない。あのような生き方なら、脳がなくても十分にやっていける。それでも、まわりの環境から身体を保護し、うまく利益を得られるような状態を維持する必要はある。そこで、植物は自己統制あるいは自己制御システムを進化させ、生命にかかわるような変化を感知してそれに対応している。植物の活動、すなわち基本的な志向性は、内部の状態に向かうものと、身体と厳しい外界とのあいだのきわめて重要な境界線上の状態に向かうものがある。変化を監視して調整する仕事は身体のなかにあり、一カ所に集中しているわけではない。身体のあちこちの状態の変化を感じとり、それぞれがその場で対応するので、ほぼ独立している。そのため、体内の微小主体の集団同士の活動目的が食いちがってしまい、同調性に問題が生じることがある。独立した意思決定はかならずしもよい策とはかぎらないのである。ボートが左に傾いたときに乗客全員が右側に寄ったら、ボートは逆に右にひっくりかえってしまうだろう。しかし、植物の場合はたいてい、情報が体内を通う流動体に乗って運ばれゆっくりと交換されるため、分散した「意思決定」のあいだに穏やかな調和が保たれているのである。

それでは、植物は「非常に動きの遅い生物」だというだけで、立派に知覚を持っているのに、自己時間尺度中心主義のせいで、わたしたちがそれを見逃しているだけなのだろうか。「知覚」という言葉にははっきりした定義がないので、こうだと思う意味を勝手に当てはめる自由が許されている。植物が環境に対してゆっくりながら確実に反応することを「知覚」と呼びたければ、それも可能である。しかしそれには、植物の知覚を、(カメラの照度計は言うにおよばず)バクテリアなどの単細胞生物に見られるただの刺激反応性と区別する根拠が必要である。残念ながら、いまのところその根拠は見当たらない。逆に、「知覚」という言葉はもっと特別な意味で使うべきだという根拠は厳然と存在する。動物にも植物と同じようにゆっくりした身体維持システムがあるが、このシステムの作用と動物の「知覚」は分けて考えるべきだという意見が一般的である。動物は動物でいるかぎり、ゆっくりした身体維持システムを持っている。

血液のような媒体のなかを漂っている分子には、身体に対して自分から直接「なにかをする」(たとえば侵入してきた毒と一騎討ちして破壊するなどの)力を持つものもあれば、メッセンジャーのようになにかをするように命じるもの(たとえば心搏数をあげる、吐くなど)もある。その命令が届くと、より大きな主体がそれを「認識」して「なにかをする」。大きな主体とは、身体全体のこともある。たとえば、動物の松果体が日照時間の減少を感知すると、全身にホルモンのメッセージを送り、冬に備えるように指示する。多くの下位作業をともなう仕事が、一つのメッセージによってはじめられるのである。古くからのホルモン系の活動は、知覚と勘違いするような強い感覚

（たとえば吐き気、めまい、寒気、飢え、渇きなど）をともなうが、このような知覚に似た付随現象はそれぞれ独立して働いている。たとえば、眠っていたり昏睡していたりする動物でも働いている。酸素マスクの力で生きつづけている脳死状態の人を「植物状態」と呼ぶのも、このような身体維持システムだけが、かろうじて身体に生命をとどめているからである。知覚はなくなっても、さまざまな刺激反応だけは維持され、あらゆる面で身体のバランスを保とうとする。すくなくとも、多くの人が「植物」「状態」という二つの言葉を使いたがるのはそのためである。

動物の場合、制御された情報を生化学的なパックに詰めて送りだすこの複雑なシステムは、そののち、別のメディアをもっと速く伝わるシステムによって補完されるようになった。神経線維のなかを移動する電子のパルスである。そのおかげで、反応がより速くなっただけでなく、制御命令の伝わり方も変わった。「自律神経系」と呼ばれるこの新システムでは、連結のしかたが違うからである。新システムの活動はこれまでどおり内部にあるが、時間的にも空間的にも速い。いま、震えるべきか、汗をかくべきか、早急に血液が必要だからひとまず胃の消化作業を先送りにするべきか、射精への秒読みをはじめるべきかなどの変化に即座に反応するのである。新しいメディアと古いメディアは進化を経て接合したが、この進化の歴史はわたしたちの議論にも影響をおよぼした。問題が思ったよりもずっと複雑になってしまったのである。この複雑さを無視したばかりに、道に迷ってしまった理論家がたくさんいるため（わたしもそのひとりである）、それについて簡単に触れておこう。

現代の、心に関する理論の基本的前提のひとつに、機能主義と呼ばれるものがある。この前提によれば、なにかを心（あるいは信念、痛み、恐れ）たらしめるのは、それがなにから構成されているかではなく、なにをすることができるかである。他の問題、とくに人工物のできの良し悪しを評価するような場合なら、この原理に矛盾はないといえる。点火プラグが点火プラグであるためには、しかるべきときに特定の場所に差しこまれると火をつけることができればよい。大切なのはそれだけで、色や材質や構造は好きなように変えられる。形についても同じで、点火プラグの機能的な役割に合致しているかぎり、どんな形でもかまわない。生物の世界でも、機能主義は広く認められている。心臓は血液を押しだすためのもので、その意味では人工心臓でもブタの心臓でも変わりはない。だから、人間の心臓の代わりにもなれる。重要なタンパク質であるリソチームの化学的な変種は百種類以上ある。そのすべてをリソチームとして一括するのは、どれもリソチームとしての価値を持っているから、つまりリソチームにできることができるからである。変種同士は、ほぼどんな目的においても互換性がある。

機能主義でよく使われる用語で言えば、機能によって定義される対象は、さまざまな材料で実現できるという「多元的実現可能性」を許容するということになる。人工的な「心」も、人工心臓と同じく、さまざまなものから実現できるだろう。心がなにをするのか（痛みや信念はそれぞれなにをするのか）がわかれば、その能力を持っている材料ならなにからでも、心（または心の一部）をつくれるはずである。そして、わたしを含めた多くの理論家は、心のすることは情報処理だと思っている。つまり、心は身体の制御システムで、決められた任務をはたすためには、制御という仕事に関する情報を集め、それを選別して貯え、加工または処理しなくてはならない。まあ、ここまではいいだろう。機能主義のおかげで、理論家はずいぶん楽になった。特殊な能力について考えるわずらわしさを忘れ、実際に行なう仕事のみに注目すればいいいからだ。しかし、機能主義者たちはこの課題を単純化しすぎて考え、理論家を甘やかすことになっているのがほとんど一般的である。

神経系（自律神経系でも、のちに仲間に加わる中枢神経系でも）とは、特定の場所、たとえば変換（入力）節や作動（出力）節で肉体と連結している情報のネットワークだと考えたくなる。変換器はあるメディアから情報（血中の酸素濃度の変化、周囲の明るさの減少、温度の上昇など）を得て、それを別のメディアに翻訳する装置である。感光電池は、ぶつかりあう光子を電子の流れに、つまり光を電気信号に変換し、マイクは音波を電子のメディアに変える。二種の金属を貼りあわせたサーモスタットのバネは、周囲の温度変化をバネのたわみに変換する（典型的な応用例では、バネのたわみはさらに電気信号に変換され、その信号が電線を伝わって暖房をつけたり消したりする）。生体でいえば、網膜の桿状体と錐状体は光を神経信号というメディアに変える変換器である。音波も鼓膜で振動に変わり、最終的には（基底膜の有毛細胞によって）やはり神経信号に変換される。また、温度の変換器は身体中にあるし、ほかにも動きの変換器（内耳）など、情報を変換する装置はたくさんある。一方、作動体はあるメディアにのった信号の命令を受けて、別の「メディア」になにかをさせる（たとえば、腕を曲げる、毛穴を閉じる、流動体を分泌する、音をたてる）装置である。

コンピュータでは、情報伝達経路と「外の」世界とのあいだに、すっきりとわかりやすい境界線がある。キーボードやマウス、マイク、テレビカメラなどの入力装置は、いずれも情報を電子のメディアに変換する。そこで「ビット」が伝達され、保存され、変形されるのである。コンピュータの内部にも変換器があって、たとえばオーバーヒートすると温度変換器がそれを知らせるし、電源に異常が発生すると警告を発する変換器もある。しかし、このような変換器も「入力」装置に含めて考えよう。情報を（内部の）環境からとりだして、情報処理という共通のメディアに変換するからである。

体内の神経システムにおいても、情報伝達経路と外の出来事をはっきり分けることができれば、理論的にすっきりする。そうすれば、重要な相互作用はすべて、特定の変換器や作動体のなかで起こることになり、それによって仕事の区別をとてもつけやすくなる。舵と操舵輪が遠くに離れている船を考えてみよう。操舵輪と舵を結ぶものは、ロープでもいいし、ギアとチェーンでもいい。針金と滑車でも、油（あるいは水でもウィスキーでも！）をみたした高圧ホースによる油圧システムでもいい。いずれにしろ、舵手が操舵輪をまわすと、そのエネルギーはこのシステムを通じて舵に伝わる。一方、操舵輪と舵を細いケーブルで結び、電気信号を送るというやり方がある。この場合、エネルギーは、舵手が舵をどちらに向けたいかという情報なので、変換（伝達）する必要はない。ケーブルの一端で操舵輪からの情報を信号に変換し、もう一端でエネルギーをモーターなどの作動体に注ぎこめばいいのである（「フィードバック・メッセージ」を加えることもできる。操舵輪をまわすときの抵抗感をコントロールするために、メッセージはモーターで動く舵のほうで変換されて送られる。これによって舵手には舵にかかる水圧が感じられる。このフィードバック・システムは、今日の自動車のパワー・ステアリングではごく一般的なものだが、危険なことに初期のパワー・ステアリングにはついていないことも多かった)。*

この種のシステム(情報は伝達するが、エネルギーはほとんど伝えない信号送信システム)なら、信号のメディアは、ケーブルを伝わる電子でも、グラスファイバーを伝わる光子でも、空間を伝わる電波でも、まったく変わりがない。いずれの場合でも重要なのは、操舵輪が動いてから舵が動くまでの時間差によって情報が抜け落ちたり歪んだりしないことだ。この点は、チェーンや針金やホースなどの物理的な連結装置を用いたエネルギー伝達システムでも、もっとも重視される問題である。そのため、たとえ情報が届いたとしても、弾力性のあるバンドより伸縮しないケーブルのほうがよい媒体だし、空気よりも圧縮性のない油のほうが圧力システムに適しているのである。

このように、現代の機械では制御システムを被制御システムから切り離すことができるので、機能をまったく損なわずに異なる制御システム同士を交換することができる。ごく一般的な電子機器のリモコンや、(かつての摩擦による連動装置に代わる)電子発火装置、自動車のIC制御装置などがよい例である。動物の神経系にも、あるレベルまでは同じ性質が備わっている。神経系の各部位はメディアから独立して、変換器や作動体などの周辺機能とそれらをつなぐ伝達経路にはっきりと分離できる。たとえば、脳に腫瘍ができると聴覚神経が働かなくなり、耳が聞こえなくなることがある。耳のなかの音を感じとる部分がなんともなくても、感じた結果を脳に伝達する経路が破壊されてしまうのである。壊れた経路は、別の素材でできた小さなケーブル（普通のコンピュータに使われる電線）で代用できる。ケーブルの両端を健康な神経に接続し、信号が通れるようにすれば、聴覚は元どおりになる。情報が抜け落ちたり歪んだりせずに伝わるかぎり、伝達装置の媒体はなんであってもまったく問題にならない。しかし、この重要な理論的観念は深刻な混乱を招くこともある。

もっとも陥りやすいのは、「二重変換の神話」と呼ばれるものだ。神経システムは、まず光や音や温度などを神経の信号（神経線維のなかを流れるインパルス）に変換する。次に、このインパルスは、ある特別な中枢部分で他のメディアに変換される。これこ

＊　例にあげたステアリング・ギアについては、重要な歴史的背景がある。「サイバネティックス」という用語は、ノーバート・ウィーナーの造語だが、もとは「舵手」をあらわすギリシア語からきている。「ガバナー」（調整器、整圧器）も同じ語源である。情報の伝達と処理による制御に関する諸概念は、ウィーナーが著作『サイバネティックス——動物と機械における制御と通信』（四八年）のなかではじめて明確な形で提唱したものである。

そが意識のメディアであり、まさにデカルトの考えていたことである。デカルトは、脳の真ん中にある松果体でこの第二の変換が行なわれ、神秘的で非物理的な心のメディアが生じるのではないかと考えた。今日、心を持つもので、このような非物理的なメディアがあると考えるものはほとんどいない。にもかかわらず、奇妙なことに、脳のどこかで物理的あるいは物質的なメディアへの第二の変換が行なわれるという考えにだまされる不注意な理論家がいまだにあとを絶たない。彼らは、神経系における周辺的な活動はたんなる刺激反応にすぎないから、どこかほかに知覚が生まれる中心的な場所があるはずだと理解した、あるいは理解した気になったようだ。結局、生きた眼球も、脳のどこかとつながっていなければ、ものを見ることができない。ただの刺激反応に謎のメディアXが加わって知覚が生まれたとき、はじめて意識的な視覚経験が可能になるというわけだ。

この考えがいつまでも人をひきつける理由を見つけるのは、難しいことではない。意識の中身はたんなる神経インパルスであるはずがなく、どうにかして他のものに翻訳する必要があると思いがちだからだ。さもなければ、神経システムは誰も応答する人がいない電話通信のシステムか、視聴者のいないテレビ・ネットワークのようなものになってしまう。主体なり、主人なり、受け手のような存在が中心にあって、すべての情報を取りこんで評価した上で、「船の舵をとる」べきではないだろうか。ネットワークそのものが複雑な構造をしており、それゆえ変化する力を有し、それゆえ身体を制御する力も備えているという事情から、ネットワークは内的な主人の役割を担い、意識にすみかを提供しているのだとする考え方は本末転倒のように思われる。たしかに、最初はそう思われるかもしれない。しかし、この考え方のある側面は、唯物論者にとって頼みの綱である。すなわち、まさにこの段階で、神経システムはたんなる情報処理システムであるという理論を破綻させる複雑な事情を視野に収め、「評価」という重大な作業の一部を身体のなかに配分し直すことによって、わたしたちの想像をさらに推進することができるのである。

「わたしの身体はそれ自身の心を持っている」

自然は、合理的な機構を生み出したようだ。生物学的規則という機構の上にだけでなく、そのなかからも、その周囲にも。

アントニオ・ダマシオ『デカルトの誤り――情動、理性、人間の脳』

神経系における情報伝達メディアは、長い神経細胞の枝を伝わる電子化学的なパルスであり、ケーブルを光の速さでかけぬける電子とは違って、きわめてゆっくり伝わる連鎖反応である。神経線維は細長いバッテリーのようなもので、神経細胞の壁の内側と外側の化学的な差異によって電子的活性化が起こり、それが壁にそってさまざまなスピードで伝わる。その速度は、流動体のなかを進む分子よりもずっと速いが、光の速さよりははるかに遅い。神経細胞同士が接触しているシナプスという接合部分で、微小作動体すなわち微小変換器が相互に作用する。電子パルスが神経伝達分子を放出させ、それが古典的な拡散の法則によって細胞間の隙間を越え（隙間はとても狭い）、さらに電子パルスに変換される。

このことを理解するには、かつて分子に見られた「鍵穴と鍵」の法則に立ち戻って考えてみるといいだろう。グルタミン酸塩基のような神経伝達分子は、多かれ少なかれ、どんなシナプスも越えるように見えるが、そのほかにも数多くの神経調整分子があり、そのような分子の場合は近くに神経細胞の鍵を見つけると、自分からさまざまに変化する。神経細胞は、他の変換器が抗原や酸素や熱などに「気づく」のと同じ方法で、このような神経調整分子の形を変化させると考えてよいのだろうか。そうだとすれば、実は、神経系上のすべてのシナプスに変換器があって、すでに電子パルスに乗って運ばれている情報の流れに、さらに情報を加えるということになる。また、作動体もいたるところに存在し、そこから神経調整分子や神経伝達分子が体内の他の部分にある「外界」にとびだし、拡散して多様な効果を生む。こうして、情報処理システムと外界との明確な境界線が崩れるのである。

変換器や作動体があるところでは、情報システムの「メディア中立性」、つまり多元的実現可能性という性質が失われるのは明らかである。たとえば、光を感知するためには感光性の物質が必要である。つまり、迅速かつ確実に光子に反応し、原子よりも小さいその刺激をより大きな事象に拡大し、さらに大きな現象を引き起こすものである（ロドプシンはそのような感光性物質の一種で、自然界の生物——アリから魚、ワシ、人間まで——の目には選択的にこのタンパク質が利用されてきた。人工の目には別の感光物質が用いられているが、なんでもいいわけではない）。抗原を見つけてその効力を殺すには、抗原の識別に「鍵穴と鍵」の法則が用いられるから、それにあった形の抗体が必要である。そのため、抗体を構成する物質や分子はその形におさまるものにかぎられる。この条件によって、分子の化学組成は、完全にとは言わないまでも厳しく制限される。原則的には、どの情報処理システムも両端が変換器や作動体とつながっている。つまり、変換器や作動体の物理的組成は、その仕事の内容によって決まると言えよう。その中間では、メディアを選ばないプロセスによって、すべてが行なわれるのである。

船や車や精油機などの複雑な人工物は、決められた時間内に仕事をこなせるものであればどんなメディアを使ってもかまわない。しかし、動物の神経制御システムはメディアをまったく選ばないというわけにはいかない。システムが特殊なオーラや音のようなものを発する特別な素材でできているからではなく、生物は高度に分化した制御システムをすでにたくさん持ち、神経制御システムはその上に新しく進化したものだからである。新システムは既存のシステムの上につくられ、それとよく連携しながら無数の変換ポイントを築かなくてはならない。このような異なるメディア間の相互浸透はいたるところに見られ、たとえば前節で述べた聴覚神経のような単一の神経ハイウェイを代用物に置きかえる場合（ケーブルで代用する）のように考えずにすむこともあるが、それができるのは通常、空想のなかで試行するときだけである。

一つの例をあげよう。神経細胞間の交渉をすべて制御する錠前を開けるために必要な鍵となる分子は、グルタミン酸塩分子、ドーパミン分子、ノルアドレナリン分子などである。しかし、「原則的」には、これらの鍵はすべて他の化学物質に置きかえることができるはずである。結局、化学物質の機能を決めるのは、錠前と合うかどうか、つまり刺激メッセージが届くことで起こる効果であり、それ以外の条件はない。しかし、メッセージを身体中に届けなくてはならないため、鍵を取り替えられないことがある。膨大な情報処理、そして、それによるこれまた膨大な蓄積情報が、すでにこの特定の物質にたまっている。このことも、心をつくる物質が問題になる理由の一つである。つまり、正当な理由が二つあることになる。一つは伝達のスピード、そしてもう一つはさきほどあげた神経系全体に変換器や作動体が遍在していることである。このほかに適当な理由があるとは思えない。

このような考え方は、機能主義の批判者がよく展開する、心がなにからできているのかが重要だという直観的に魅力的な主張に味方するものである。たしかに、シリコンチップ、ケーブル、ガラス、もしくは糸の先に結んだビールのカンなどから知覚のある心をつくることはできない。では、機能主義が捨てられるだろうか。とんでもない。事実、こういう考え方は基本的な機能主義の見方をとることで、力を得られるのだ。

心が、そのメカニズムやメディアの化学組成に依存する唯一の理由は、生物史上のこととして事実である。心のメカニズムがするべき仕事をするためには、もともと存在していた身体に適合する物質でできていなければならないからだ。

いろいろな物質の「本質的な属性」をめぐっては、機能主義は生気論をはじめとする神秘主義と対立する。アドレナリンの分泌によって怒りや恐れが生じるのは、ウィスキーを一本飲んで酔っ払うのと同じである。アドレナリンも酒も、ガソリンや二酸化炭素と同じく、心とは本質的に合わない物質なのである。より大きなシステムにおける物質の機能が、その組成によって決まっている場合だけ、いわゆる「本質」が重要になるのである。

現代の船の制御システムとは違い、神経系はメディアに依存しない独立した制御システムではないという事実、つまり、ほとんどの接合点で「作用し」、「変換する」という事実を知ると、各部分についてもっと複雑な（そして現実的な）考え方をせざるを得ない。こうなると、心を機能主義的にとらえる哲学者は難しい立場に立たされる。「わたしとは、わたしの身体ではなく、わたしの身体の……持ち主だ」という直観的な考えを利用した哲学的な試論は千篇もある（デネット「わたしはどこにいるのか？」七八年、もその一つ）。

心臓移植の手術では、誰もが提供する側ではなく受け取る側になりたがる。しかし、脳移植手術の場合は、逆に提供者になりたがる。自分は身体ではなく、心とともにあると信じているからだ。多くの哲学者が言うように、メッセージだけ残してメディアを取り替えれば、脳を別のものと交換することも理論的にはできるだろう。情報が完全に保存できると考えるなら、テレポーテーションで移動することも可能かもしれない。理論的にはそのはずだが、ただしそう言えるのは、神経系だけでなく身体全体の情報を送れる場合のみである。自分を身体から引きはがそうとしても、哲学者が想像するほどきれいさっぱりと切り離せない。身体には、自分の大部分が含まれている。意義、才能、記憶、気質など、いまある自分を形づくっているものの多くが神経系に含まれているのと同様、身体にもたくさんつまっているのである。

デカルトによる悪名高い心身二元論が残した影響は、学問の世界をとびこして、日常世界にまでおよんでいる。「この選手は、心身ともに準備がととのっている」とか、「身体はどこも悪くない。問題は心だ」といった表現がよい例である。デカルトと対立する哲学者のあいだでさえ、心（すなわち脳）を身体の主人か水先案内人のように扱う傾向が根強く残っている。よくありがちなこうした考え方に陥ると、重要な選択肢を見落としてしまう。脳（つまり心）は数多い臓器の一つであり、比較的最近になって支配権を握ったという考えである。つまり、脳を主人と見なすのではなく、気難しい召使ととらえ、脳を守り、活力を与え、活動に意味を与えてくれる身体のために働くものだと考えないかぎり、脳の機能を正しく理解することはできないのである。

このような歴史的、進化論的な視点は、わたしが学生だったころから三十年のあいだにオックスフォード大学に起こった変化を思い起こさせる。かつてはドンと呼ばれる教授たちが大学を管理し、事務職員は副学寮長にいたるまで、ドンの指導と号令のもとに働いていた。しかし今日では、オックスフォードの教授もアメリカの大学の教授と同じで、本部の管理部門に雇われた労働者という色あいが明確になった。しかし、それでは大学の意味はどこから得られるのだろうか。人類の進化の歴史においても、身体の支配権をめぐって、同じような変化がじわじわと起こっている。しかし、わたしたちの身体にも、オックスフォードの教授と同じく、まだいくらかの決定権、すなわち本部管理部門が「身体の支配関係」の感覚にさからった行動をとろうとするときに抵抗するくらいの力は残っている。

心は脳と同一のものという考え方をひとたび捨て、心の存在を身体の他の部分にも広げて考えるようになると、心を機能本位で考えるのは難しくなるが、そのかわりに見返りも大きい。船などの人工物と違って、わたしたちの制御システムは独立していないため、「わたしたち」は知恵を身体の内部に（神経系にではなく）宿し、日々の意思決定に利用することができる。フリードリッヒ・ニーチェはずっと昔にそのことに気づき、『ツァラトゥストラはかく語りき』で、あざやかに描いてみせた（その章には「肉体の軽蔑者」というぴったりのタイトルがつけられている）。

「自分は肉体であるし、魂である」、子どもはそのように言う。子どもと同じように言ってはいけない理由があるだろうか。

しかし、目覚めた者は言う。自分は肉体であり、他のなにものでもない。魂とは身体のある部分をあらわす言葉にすぎないのだ、と。

肉体は偉大な理性であり、一つの意味を持った多様体である。戦争と平和、羊の群れと羊飼いのような存在である。小さな理性も肉体の道具であり、兄弟よ、それをあなたは「精神」と呼ぶ。精神は偉大な理性の小さな道具であり、玩具なのだ……兄弟よ、あなたの思考や感情の裏には、強力な支配者、未知の賢者がいる──その名を、自己という。自己の棲家はあなたの肉体、自己すなわち肉体である。叡知にどれほど理性があろうとも、肉体にはそれ以上の理性があるのだ。

進化はすべての有機体のすべての部分に関する情報を具体化する。クジラのヒゲは、クジラの食糧とその食糧が存在する液体というメディアを示している。鳥の羽根には、鳥が活動しているメディアがあらわれている。カメレオンの皮膚は周囲の環境に関する情報をドラマチックにあらわし、動物の内臓やホルモンのシステムは、彼らの祖先が住んでいた世界の情報をよくあらわしている。この情報を脳に複写する必要はまったくない。神経系内の「データ構造」に「あらわす」必要もない。しかし、神経系はその情報を利用することはできる。神経系はホルモン・システム内の情報を、翼や目からの情報と同じやり方で利用するように設計されているのである。そのため、身体の他の部分には具現化された知恵、とくに選択についての知恵がある。古い身体システムを反響板か反応のいい聴衆や批評家のように利用することで、中枢神経系は、軽くつつかれたり、たたかれたりしながら、賢明な方法を見つけるのである。公平を期するために言っておくが、気の毒な老デカルトでさえ、すくなくともぼんやりとは、このような身体と心の統合の重要性に気づいていたことを忘れてはならない。

痛みや空腹、渇きなどの感覚を通じて、自然は、わたしがわたしの身体のなかにいることも教えてくれる。それは、船乗りが船のなかにいるのとは違う。もっとかたく結びつき、溶けあって、わたしはわたしの身体と一つになっている。

（「第六省察」）

すべてがうまくいっているときは体内に調和が保たれ、身体中に広がった知恵の源泉が全体の利益のために協調しあう。しかし、ひとたび葛藤に見舞われるとどんなことになるかは、誰もが知りすぎるほど知っている。爆発を起こし、「わたしの身体は独自の心を持っている」などという妙な状態に陥るのである。まるで身体が情報をひとまとめにして別の心をつくろうとしているように見えることもある。なぜだろうか。ときには身体も独自の判別をし、選択し、決定し、心と対立する構造になっているからである。この場合は、デカルト風に、人形使いである自己が、身体という手に負えない人形を必死に操ろうとしていると考えるといい。身体は、わたしたちが懸命に守ろうとしている秘密を、赤くなったり震えたり汗をかいたりして、暴露してしまう。万事手はずをととのえた計画に反旗をひるがえして、いまは知的な会話ではなく、セックスのときだと「決意」し、クーデターに踏みきることもある。もっと腹立たしいのは、性的行動に加担させようとしてもまったく聞く耳を持たないときだ。そんなときは、ボリュームをあげたり、ダイアルをいっぱいにまわしたり、姑息な手段を使ったりしても言うことをきいてくれない。

しかし、すでにわたしたちの身体がそれ自身のための心を持っているのならば、なぜ、わたしたちの心をわざわざ手に入れようとしたのだろうか。一つの身体には一つの心で十分ではないだろうか。いや、そうとはかぎらない。これまで見てきたように、身体に基礎づけられた旧来の心は、生命や手足を維持するために何十億年ものあいだ、頑健に仕事を続けてきたが、そのような心は、識別能力に関しては比較的未熟でかつ比較的スピードが劣る。志向性は短期間しかもたず、すぐにごまかされる。世のなかともっとうまくかかわっていくためには、より速く働き、より理解力があり、より豊かでよりよい未来を生み出せる心が必要なのである。

4　心の進化論

進化の階層

　時間的にさらに遠くを見るためには、空間的にさらに遠くを見ることが助けになる。最初は内部監視システムや周辺監視システムであったものは、近接的な弁別だけでなく、遠隔的な識別をすることができるシステムへしだいにゆっくりと進化していった。この段階で、知覚がしかるべき位置を占めることになる。嗅覚は、鍵物質がずっと遠くから漂ってきて体内の鍵穴に入り込むことによって成り立つ。この鍵物質の軌道は、比較的緩慢で、可変的で、不確定である。そのため、鍵物質の発生源に関する情報はかぎられている。聴覚は、音波がそのシステムの変換器を刺激することで生じるが、音波の伝わり方のほうが速くて規則的なので、この知覚はいわば遠隔作用というべきもののほとんど一歩手前の段階になる。しかし音波は、途中で屈折し、反射して、その発生源が不明確になることもある。一方、視覚は、物体から反射される光子が音波よりはるかに速く、そして、確実に直線の軌跡を描いてまっすぐに到達することによって成り立つので、しかるべき形の針穴（および必要ならば、レンズ）があれば、生物は、遠くの出来事や物質表面について、きわめて信頼性の高い情報を瞬時に得ることができる。

内部的志向性から近接的志向性へ移行し、さらに遠隔的志向性へというこの移行はどのようにして生じたのであろうか。進化は、身体のまわりから入手できる情報を受ける膨大な数の専門化した体内主体を生み出した。たとえば、松の木にふりそそぐ光は、リスにふりそそぐ光と同じ量の情報を含んでいる。しかし、情報を受ける状況は両者では異なる。リスには何百万もの情報探索用の微小主体が備わっており、それらは情報を取り込み、さらに探し出して解釈するように特別に設計されている。動物は、草食か肉食かで分けられるのではなく、むしろ心理学者のジョージ・ミラーが巧みに表現した用語を使えば、みな「情報摂取動物（informavores）」でもある。動物の知的飢餓状況は、何百万という微小主体の持つそれぞれ固有の知的飢餓状態が絶妙に組み合わされ、何十あるいは何百あるいは何千のサブシステムに組織化されていることから生じているのだ。

これらの小さな主体は、一つ一つが究極的に最小の単位の志向的なシステムと考えられる。その単位にとっての生涯の仕事は、「いま、わたしあての情報が入ってきているか」というただ一つの問いを何度も何度も何度も発しつづけ、答えがイエスの場合にはかならず、限定されてはいるが適切である行動をとることである。知的飢餓がなければ、知覚も理解も存在しない。哲学者たちは、直接入ってきた与件によって感覚を分析し、さらに心が与件を使ってなにをするのかを分析しようとしてきた。与件はもちろん身体に吸収されるが、与件の取り込みは、動物の脳の中枢にある一つの中心的な吸収体によって行なわれるのではない。吸収の仕事は、個々に組織化された吸収体のすべてに割り当てられている。目の網膜の桿状体や錐状体、鼻の上皮のなかにある専用の細胞など末端の変換器ばかりが吸収体なのではなく、脳全体に張りめぐらされたネットワークで連結された細胞や、さらに細胞のグループからなる体内の機能組織も吸収体である。吸収体には光や圧力(音波や接触の圧力)のパターンではなく、神経単位の刺激のパターンも伝達される。しかし、摂取方法が異なること以外、これらの吸収体がはたす役割は類似している。このような主体は、どのようにしてよりすぐれた志向性を持つ大型のシステムにまとまっていくのだろうか。自然が選択した進化のプロセスによることは言うまでもないが、そのプロセスはたった一つしかないわけではない。

脳の力がどこから生じるかを知るために、脳の設計のさまざまな選択肢を設定できる一つの枠組みを提案したい。この枠組みの構造は単純化されすぎているが、全体を見通すためには、その程度の理想化は喜んで支払うべき代価である。わたしはこれを「生成と選択による進化階層」と呼んでいる。この階層に新しい層が加えられるたびに、その段階に属する生物の動きはより良く、より効率的になってゆく。

生物の持つ予測能力が高まっていく様子は、この一連の上昇段階を通じてあらわすことができる。この段階は異なる血統が重複したり、分断されたりしており、明確に定義された進化の段階とは一致していない。しかし、塔の各層は認知能力の重要な進歩を示しており、それぞれの層の重要な二、三の出来事にざっと目を通してみれば、進化の全体的な流れがよくわかるだろう。

まず最初に、ダーウィンの進化論にそって自然選択による種の進化が起こった。遺伝子の新しい組み合わせや突然変異というきわめて不規則な過程によって、さまざまな有機体の予備軍が膨大に発生した。有機体は現場でフィールド・テストを受け、もっともすぐれた設計を持つものだけが生き残った。これがこの階層の第一層である。そこに属するものをダーウィン型生物と呼ぶことにしよう。

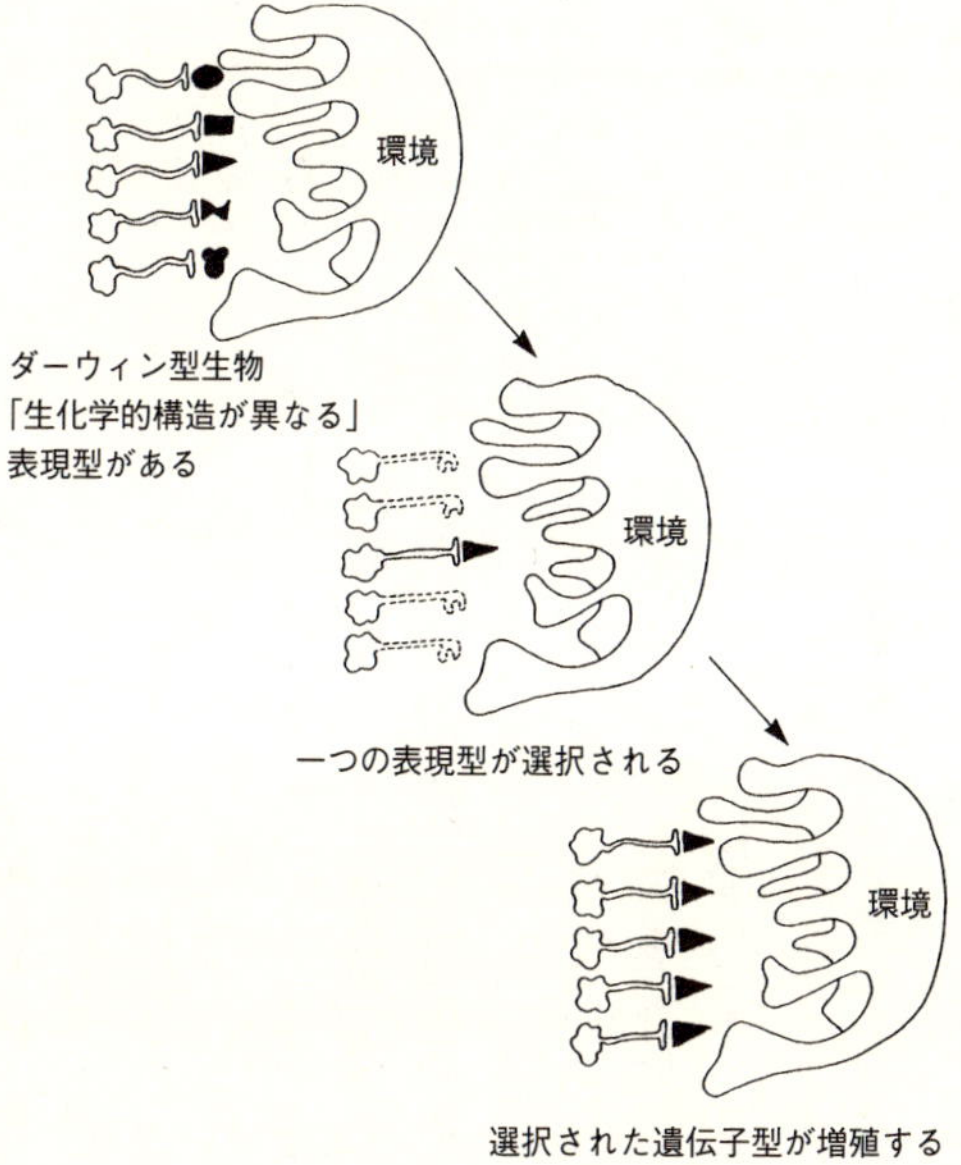
環境
ダーウィン型生物
「生化学的構造が異なる」
表現型がある
環境
一つの表現型が選択される
環境
選択された遺伝子型が増殖する

この過程は何百万回もくりかえされ、設計のすぐれた動植物が数多く生まれた。そして、ついに新しい生物のなかから表現型可塑性という性質を持つものが登場した。表現型可塑性とは、個々の生体の設計は誕生時にすべて決められているのではなく、フィールド・テスト中に起こる出来事によって調整される側面があるという性質だ。これらの生物の一部には、表現型が組み込まれた、いとこ関係にあるダーウィン型生物にくらべると、生き残れなかったものもたくさんあったようだ。というのも、それらはせっかく備わっている行動のオプションを選択できなかったからである。しかし、その他のものは幸運にも賢明な行動を偶然に好む「強化因子」を持っており、選択肢のなかから有利な行動を選ぶことができたと考えられる。これらの生物はさまざまな行動を生み出しては一つずつテストして環境に立ち向かい、ようやく役に立つものを見つけた。そして、その行動は環境からプラスまたはマイナスの信号を得たときにだけ役立ち、くりかえすかくりかえさないかは環境によって決まることを学んだ。強化因子が間違ってつけられた生物、つまりプラスとマイナスの強化因子が逆になったものには、もちろん苛酷な運命が待っていた。幸運にも、適切な強化因子を持って生まれたものだけが有利な立場に立ったのである。

このダーウィン型生物の一部は、スキナー型生物と呼ぶことができる。行動心理学

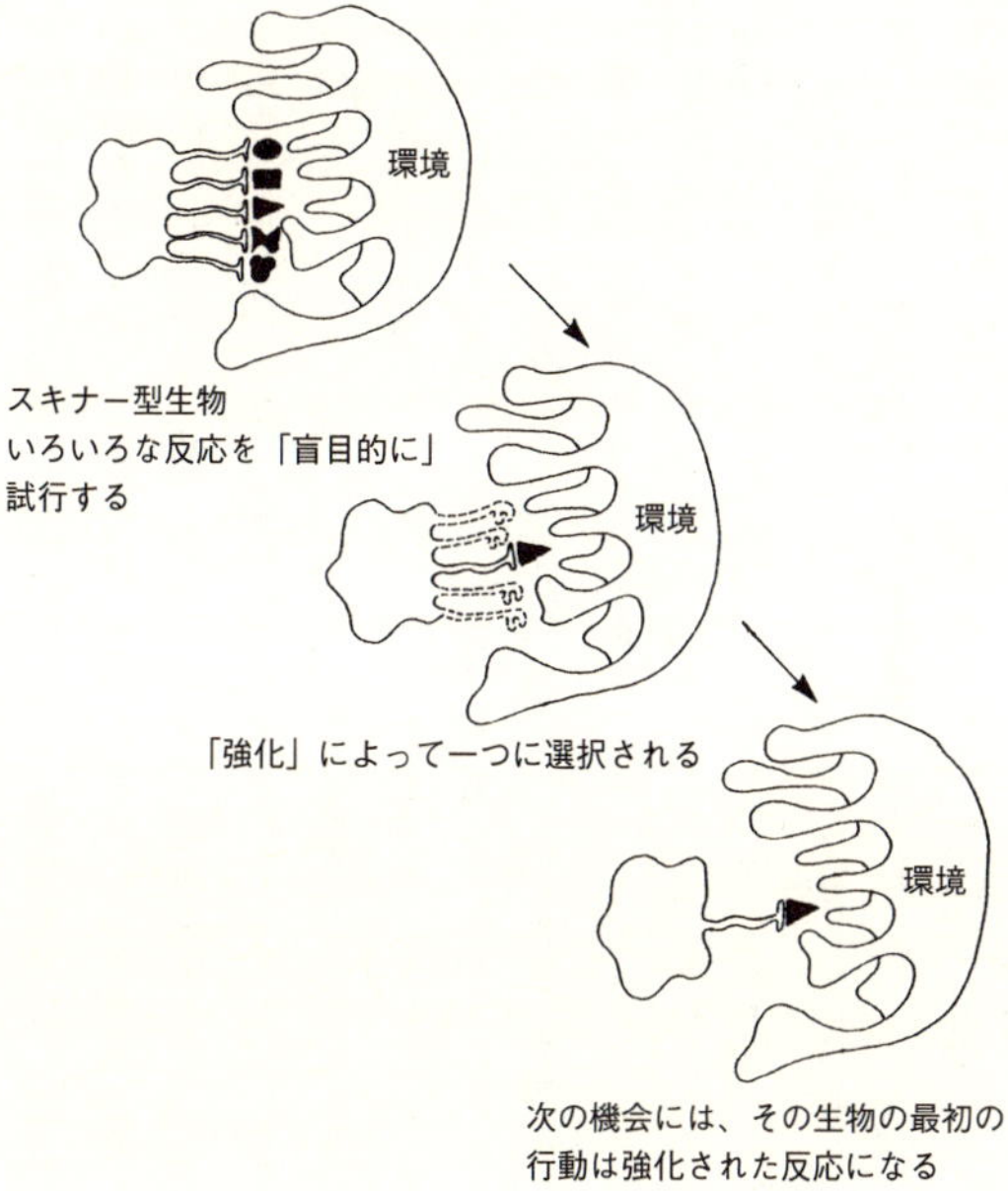
環境
スキナー型生物
いろいろな反応を「盲目的に」
試行する
環境
「強化」によって一つに選択される
環境
次の機会には、その生物の最初の
行動は強化された反応になる

者のB・F・スキナーが指摘したように、このような「オペラント条件付け」がダーウィンの自然選択に相当するのではなく、それを拡張したものだからだ。つまり「遺伝的行動がなくなると、条件付けのプロセスによる遺伝的変異性があとを継ぐ」。

七〇年代におこった認知革命は、心理学では支配的だった行動主義を追いやり、それ以来生物の行動能力から適応力や洞察力のきわめて高い構造を形づくるオペラント条件付け（またはその変種）の力は、過小評価されつづけてきた。しかし、九〇年代にさかんになった神経ネットワークと結合主義（Connectionism）の研究によって、単純なネットワークが驚くような妙技を見せることが新たに示された。ランダムにつながっては生命を生み出し、単純な「経験」、すなわち遭遇する強化の積み重ねによって、そのつなぎ目を調整するのである。

心（または脳、制御システム）の形成において、環境は盲目的にであるが選択する役割を担わされるという基本的な考え方の由来は、ダーウィン説よりもはるかに古い。今日の結合主義やかつての行動主義の知的な先祖は観念連合説である。この説を唱えた人物の一人に、十八世紀の哲学者デヴィッド・ヒュームがいる。ヒュームは、組織内に物知りの世話役のような働きがないとき、心の部品（ヒュームは「印象」や「観念」と呼んだ）がどのようにしてみずから組織を構成するかを考えようとした。かつて、ある学生がわたしに「ヒュームは観念に観念自体のことを考えさせたかったのだ」と言ったことが忘れられない。ヒュームはすばらしい直観で、印象やアイディアが化学結合のようなプロセスによって結合し、心に習慣を植えつけると考えたが、この直観は漠然としすぎていてテストすることができなかった。しかし、ヒュームの観念連合説は、動物行動の条件付けにおけるパブロフの有名な実験の直接の生みの親となり、のちにE・L・ソーンダイクやスキナーらの心理学における行動主義者がそれをもとに、いくぶん異なる条件付け理論を生み出していった。これらの研究者の一部、とくにドナルド・ヘブは、行動主義をその当時の脳に関する知識とより緊密に結びつけようとした。四九年、ヘブは神経細胞間の接続を調整できる単純な条件付けメカニズムのモデルを提案した。このメカニズムは、現在、「ヘブの学習規則」と呼ばれているが、このモデルとその派生形態は、この学派のもっとも新しい潮流である結合主義の見直しの原動力となっている。

観念連合説、行動主義、結合主義と見ていくと単純な学習モデルの進化をたどることができる。これを（観念連合説のAssociationism、行動主義のBehaviorism、結合主義のConnectionismの頭文字をとり）「ABC学習」と呼ぶことにしよう。たいていの動物は、ABC学習ができることは間違いない。つまり、環境内で長期にわたって着実に訓練と形成をくりかえした結果、自分の行動を適切な方向に修正（または再設計）することができる。今日では、現実味や詳細の程度はさまざまだが、そのような条件付けや訓練のプロセスが神経細胞のネットワークのなかでどのように自然になされるかを示すすぐれたモデルがある。

多くの生物が持つ生命維持という目的（パターン認識、区別、普遍化、移動の動的な制御など）にとって、ＡＢＣ学習を行なう神経ネットワークは非常にすばらしい。効率的でよくまとまっており、高性能で欠陥がなく、迅速に再設計することが比較的簡単にできる。さらに、このネットワークはスキナーの指摘をあざやかに浮かび上がらせている。遺伝子を通じて子孫に受け継がれる自然選択による淘汰や形成（生来、組み込まれているもの）と、のちに個々に発生する淘汰や形成（経験や訓練によって最終的に組み込まれたもの）は、どこで区別してもほとんど差がない。先天性と後天性は継ぎ目なくまざりあっているのである。しかし、こうしたＡＢＣネットワークの訓練をまだ受けていない巧妙な認知方法も一部に存在する。もっとはっきりいえば、まったく訓練の結果ではないことが明らかな認知方法がある。動物のなかには「一回完全学習」の能力を持つものもいると思われるのである。彼らはＡＢＣ学習をしなくてもものごとを理解でき、苛酷な世界で厳しい試行錯誤に耐える必要がないのである。

スキナーのオペラント条件付けはよい方法だが、はじめのころに自分の誤りが原因で生命を落としてしまう可能性がある。しかし、さらにすぐれたシステムでは、予想される行動や活動がすべて「事前選択」され、愚かな行動は「実生活」のなかで危険にさらされる前に排除される。わたしたち人間にはこのすぐれた能力があるが、この力を持っているのは人間だけではない。これら進化の階層の第三層に属する生物をポパー型生物と呼ぶことができる。かつて哲学者カール・ポパー卿が科学的見地から緻密かつ簡潔に表現したように、この設計改良のおかげで「仮説がかわりに死んでくれる」からである。スキナー型生物の多くが生き残るのは、たんに最初の行動が幸運だからにすぎないが、ポパー型生物の場合は、最初の行動を偶然に頼ることなく、よりすぐれたものにする賢さがあるから生き残るのである。もちろん、賢く生まれたのも偶然ではあるが、たんに運がいいよりましである。

ポパー型生物の事前選択は、どのように行なわれるのだろうか。一種の内部環境をつくりあげるフィルターが存在し、その環境のなかで安全にテストができるに違いない――なにかが内部にあり、そこで試される代替的行動は、実世界で実行されたときにも恩恵が得られるようにできている。要するに、どのようなものであろうと、内部環境は外部環境とその規則に関する情報を数多く持っていなければならない。そうでなければ（手品でもないかぎり）、価値のある事前選択はできない（コインをはじいたり、占い師に相談したりすることはいつでもできるが、これはむやみに試行錯誤をくりかえすのと変わらない。世界に関する真の情報を握っているなにものかが、コインや占い師に特殊な力でも与えているなら話は別だが）。

ポパーの考えのすばらしさは、最近開発されたパイロット訓練用の飛行シミュレーターによって例証される。シミュレーターによる擬似世界では、パイロットが生命（または高価な飛行機）を危険にさらすことなく、どんな場面でどんな行動をとればよいかを学習できる。しかし、ポパー法の一例としては、飛行シミュレーターは実世界をあまりにもそっくり再現してしまうため、誤解を招きがちである。気をつけるべきことは、ポパー型生物の内部環境をたんなる外界のコピーだと考えてはならないということだ。シミュレーターとは異なり外界で起こりうる物理的な偶発性をすべてそろえているわけではないのである。このような超自然的なおもちゃの世界では、頭のなかの小さなストーブに小指で触ったところを想像しただけで、本当に火傷してしまうかもしれない。この種のものは想定する必要がない。内部テストで求められたときに、ストーブの上に指を乗せたらどうなるかを示す情報は必要だが、コピーの世界をつくらなくても実現できる。結局は、操縦室に入ったときに遭遇するすべての偶発性を説

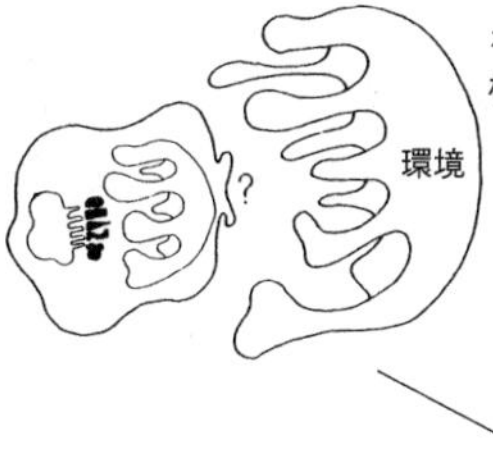

ポパー型生物は、行為の選択肢を事前に
検討する内部的選択環境を持つ

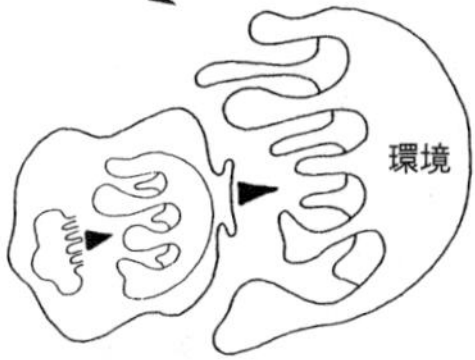

最初から、ポパー型生物は洞察的に
（偶然に頼るよりは安全に）行動する

明する本を読ませてパイロットを教育しても、やはりポパー的方法になるのである。これはそれほど強力な学習方法ではないかもしれないが、空中で試行錯誤するよりもはるかに好ましいだろう。ポパー型生物に共通する要素は、いずれにしても（遺伝によっても学習によっても）、ポパー型生物が遭遇する世界について正確な情報を貯えていること、そしてその情報が事前選択の効果を発揮できる形をとっているということである。それができなければ、情報の存在理由はなくなってしまう。

ポパー型生物が有利な選択をする方法の一つは、身体が決定を下す前に、有望な行動の選択肢を並べ、体内に蓄積された知恵を、古かろうと浅知恵だろうとかまわず、存分に活用することである。吐き気、めまい、恐怖、震えなどの典型的な反応を示して身体が抵抗したら、それは考慮された行動がよくないことを示す信頼性のある（コインをはじくよりは好ましい）合図である。ここからわかることは、進化は、悪い選択肢を選ばないようにするために、脳をつくり直してその選択肢をなくしてしまうのではなく、それを試したときに強烈にいやな感覚をともなうようにして、実行する気をなくしてしまうということである。

反応の基盤となる体内の情報は、遺伝によって組み込まれているものと、個体が経験から取り入れたものがある。人間の赤ん坊がはじめてはいはいを学習するときの実験をとりあげてみよう。床に「断崖絶壁のように」見える模様が描かれた補助ガラスを置く。赤ん坊はこの上に踏みだすのを本能的に嫌う。母親が少し離れたところからあやして呼び寄せようとしても、赤ん坊は墜落した経験が一度もないにもかかわらず、こわがって動こうとしない。先祖の経験が赤ん坊を安全な方向に導いているのである。また、ネズミはこれまで食べたことのない食物を食べたあとで吐き気をもよおす薬を注射されると、それ以後、それと外観やにおいが似た食物に対して激しい嫌悪感を示す。ここでは、ネズミを安全な方向に導く情報が、ネズミ自身の経験から得られている。どちらのフィルターも完全ではない。結局、ガラスは安全で赤ん坊は落ちないし、ネズミの食物にも実際には毒は入っていない。しかし、あとの祭よりも転ばぬ先の杖なのである。

心理学者や動物行動学者による巧妙な実験では、動物が「頭のなかで」行動をテストして、ポパーの利益を獲得できることを別の方法で示している。三〇年代から四〇年代にかけて、行動主義者は、実験用動物が外界に関する「潜在学習」——特定の見返りがないのに実現した学習——をする能力があることを再三にわたって例証した（自己反駁の実施自体は、科学が進歩するのは科学が反駁可能な仮説を打ちだしたときのみだというポパーのもう一つのテーマの適例である）。ネズミは、食物などの報酬が置かれていない迷路を走らされた場合、普通のやりかたで単純に道順を学習した。その後、ネズミにとって価値のあるものを迷路のなかに置いてみる。事前に道順を学習していたネズミは、迷路をはじめて見る対照群のネズミよりも（驚くまでもないが）はるかに速く、その報酬を見つけることができた。これは取るに足りない発見に見えるかもしれない。ネズミに道順を学習するくらいの賢さがあるのは、当たり前ではないか。だが、そうだとも、そうでないとも言える。当たり前に思えるかもしれないが、このテストは、さまざまな種がいかに聡明で注意深いかを確認するうえで実施しなくてはならないテスト（帰無仮説を想定したテスト）である。あとでわかるが、他の動物実験では驚くほど愚かな傾向――動物の環境に関する知識に信じがたい差異がある――が例証されているのである。

行動主義者は、ABC学習モデルに潜在学習を積極的に取り入れようとした。なかでもすばらしい結果を得られたのは、探索によってみたされる（あるいは彼らのいう「復元される」）「好奇心による動機」を前提条件としたものだった。強化因子がない環境でも、結局は強化がなされたのである。じつにすばらしいことだが、すべての環境には学習すべきものが存在するというだけで、強化に役立つ刺激にみちているのである。正統派の行動主義を救済するにはこの行動はあまり意味がないが、別の意味では有望な考え方だ。なぜなら、強力な学習システムの原動力になっているのは好奇心だという事実が認められているからである。

わたしたち人間は、ＡＢＣ学習によって条件付けができるという意味でスキナー型生物であるが、たんなるスキナー型生物にはとどまらない。遺伝的にしっかりと組込まれた情報の恩恵も受けていることからダーウィン型生物でもある。しかし、やはりそれだけにとどまらない。人間はポパー型生物でもあるのだ。では、他の動物のどれがポパー型生物で、どれがスキナー型生物なのだろうか。

ハトはスキナーが好んだ実験動物である。スキナーらはオペラント条件付けの技術をきわめて高い水準にまで開発し、その実験でハトは非常に興味深い高度な学習行動を示した。よく知られていることだが、スキナー派の研究者は、ハトがポパー型生物ではないことを証明できなかった。タコから魚類や哺乳類に至る多くの種に関する研究は、盲目的に試行錯誤をくりかえす学習能力しか持たない「純粋な」スキナー型生物がいるとしたら、それは単純無脊椎動物のなかから見つかるだろうと強く示唆している。いまや、ハトにかわってオオナマコ（またはアメフラシ）が、単純条件付けのメカニズムを探ろうとする研究者たちの注目を集めている。

人間は、ポパー型生物であるという点では、他のいずれの種とも同類である。哺乳類、鳥類、爬虫類、両生類、魚類、さらには多数の無脊椎動物でさえも、外界に踏みだす前に行動の選択肢を分類するとき、環境から得られる総合的な情報を活用する能力があることを示している。まわりの環境についての新しい情報は、どのように生物の脳に取り入れられるのだろうか。もちろん知覚によってである。環境はありあまるほどの豊かさにみち、天使が認知能力を持っていても活用しきれないほどの情報にあふれている。洪水のような刺激のほとんどを無視するように設計された知覚メカニズムは、もっとも有用で信頼性の高い情報に集中する。では、生物が行動の選択肢を「検討する」とき、集められた情報はどのように選択効果を発揮して、外界とのより効率的な相互作用をうながす助けになるのだろうか。さまざまなメカニズムや方法があるのはたしかだが、そのなかには身体を共鳴板として利用するものがいる。

知覚を求めて

さて、わたしたちの心のレシピには、少しずついろいろな材料が加わってきた。しかし、知覚の材料はすべてそろっただろうか。たしかに、これまでに触れた多くの動物の一般的な行動は、直観的に考えると知覚があるかどうかのテストに立派に合格しているように思える。子犬や赤ん坊が模様に描かれた断崖の淵に立たされるとこわがって震えたり、毒入りの食物らしいにおいをかいだネズミが嫌だというように顔を歪めたりするところを見ると、目の前の子犬やネズミが知覚を持つ生きものではないと仮定することさえはばかられる。しかし、注意すべきことを示すはっきりした証拠もある。比較的単純な、機械的で明らかに心とは関係のなさそうな制御システムから、驚くほど志向的な行動に近い行動が生み出される様子を、わたしたちはいくつも見てきた。たとえば、運動のスピードや迫真性にわたしたちが本能的に反応するのを見れば、本来なら環境に帰すべき敏感さや理解を実体に帰してしまうおそれが、哲学者の頭のなかだけでなく、実際にあると感じるべきだろう。目に見える動きにはだまされることもあり得るとわかれば、その行動の背後にあるものについて、もっと研究する必要があることもわかってくるだろう。

痛みについて考えてみよう。八六年に、実験用動物の保護に関する法律が改正され、麻酔なしで手術してはいけない動物のなかにタコが加えられた。タコは軟体動物で、生理学的には、人間よりもマスよりも、カキに近い。しかし、軟体動物のなかでもタコやイカなどの頭足動物の行動は驚くほど知的で知覚的（に見える）なので、科学の権威者たちも生理学的な違いよりも行動の類似性がまさるという決定を下した。タコ、イカなどの頭足動物は――万が一そんな目にあわされれば――痛みを感じると公式に認められたのである。

対照的に、アカゲザルは生理的にも進化的にもきわめて人間に近いので、わたしたちと同じような苦しみを感じると思われがちだが、実際には人間とは驚くほど異なる行動を示すことがある。霊長類学者のマルク・ハウザーからこんな話を聞いたことがある。発情期にあるオスのサルは、非常に残忍な戦い方をする。一方のオスが相手のオスを身動きのとれない状態にして、睾丸を引きちぎることも珍しくない。ところが、傷ついたオスは悲鳴をあげたり表情を変えたりはせず、ただ傷をなめて立ち去るのだ。そして、一日か二日たつと、なんとその傷ついたサルが交尾していることがあるという。人間が同じ目にあったら、考えただけで気が遠くなるような苦痛を味わうだろう。しかし、生物学的に人間と血族関係にあるこのサルが、それに近い苦しみを味わったとはどうしても思えない。つまり、生理学的な証拠と行動上の証拠をうまく一本化した答えは出せそうにない。二種類の証拠が一致しない場合、答えは当然別々の方向に導かれる。それでは、この問題をどのように考えればいいだろうか。

痛みの中心的な機能はマイナスの強化、すなわち「罰」を与えて同じ行動をくりかえす可能性を減らすことである。スキナー型生物は、つぎつぎとマイナスの強化を与えて訓練することができる。このようなマイナスの強化は、どれも痛みとして経験されるのだろうか。意識されない、あるいは経験されない痛みはないのだろうか。マイナスの強化の単純なメカニズムは、痛みによって行動を条件づけたり簡素化させたりする効果があるが、心にまで影響をおよぼすことはない。だから、オペラント条件付けが見つかったからといって、いつも知覚を引きあいにだすのは間違いだろう。

痛みのもう一つの機能は、傷を悪化させるような通常の行動のパターンを中止させることである。たとえば、動物が脚に怪我をして痛みを感じると、怪我が治るまで脚をかばう。この行動は通常、足の神経系との相互作用の自律的な輪のなかを流れる神経化学物質によって起こる。では、その物質があれば、かならず痛みは起こるのだろうか。そうではない。この物質自体は、錠前を探してさまよう鍵のようなものである。相互作用の循環が遮断されれば、痛みがつづくはずはない。それでも、痛みを起こすためにはこの特殊な物質が必要なのだろうか。別のシステムによる錠前と鍵を持つ生物はいないのだろうか。答えは、この物質の本質的な特徴ではなく、地球上における歴史的進化の過程によって決まるだろう。さきほどのタコの例からもわかるように、化学的な反応にはさまざまなものがあり、それによって機能も異なるが、そのこと自体はわたしたちの知覚に対する疑問を解く鍵にはならない。

それでは、この相互作用の輪の別の特徴はどうだろうか。痛みのシステムはどれほど複雑であれば、知覚の一種と考えられるのだろうか。どの痛みが知覚で、なぜそうなのか。たとえば、脚を骨折したヒキガエルを思い浮かべてみよう。これは知覚として経験される痛みだろうか。生物は身体の一部に損傷をうけて普通の生活が営めなくなると、生活の糧を得るための行動がとりにくくなる。そのうえ、強力なマイナスの強化が働いていることになるので、神経系が二度とこんな状態にならないように簡単に条件付けることができる。この状態は相互作用のサイクルによって維持されるが、それによってカエルは正常に跳べなくなってしまう。それでも緊急のときにはなんとかして跳ぶだろう。こうしたすべてのことを、事実上、カエルは痛みとして感じていると思いたくなる。さらに、カエルの独りごとが聞こえてくるような気もする。「非常事態が起こったらどうしよう、誰か助けてくれるだろうか。そうなったらまた怪我をするに違いない、ばかなことをしたためにこんな危険な目にあっているのだ」、そういって嘆いたり後悔したりしているだろう。しかし、この余計な想像には、カエルに関する知識の裏付けがあるわけではない。それどころか、カエルについて知れば知るほど、ヒキガエルの神経系は、これほど無駄の多い内省能力がなくても生活できるようにできていることがわかってくる。

だからどうだというのだ。このすばらしく知的な才能と知覚とはどんな関係があるのかって？　いい質問だ（いい質問と言ったのは、質問の答えを探さなくてはならないという意味であって、教師がよく使いがちなはぐらかすためのレトリックではない）。わたしたちが現在かかえているのは、質問のしかたによって答えに大きな差が生じるという問題である。自分のつくった設問にまどわされてしまうのをおそれているのだ。それは、足し算や引き算の途中で、どこまでやったかわからなくなるようなものだ。

さて、とりあえず、たんなる刺激反応を知覚と識別する特殊成分Xを探すため、二つの方向から検討していこう。まず、単純なケースに各段階の初歩的な特徴を加えながら上を目指していく方法があるが、ここからはあまり面白い結果は得られない。たしかに、その特徴は知覚の基本的な要素だと言えるが、知覚にはもっと別の要素があるはずである——それぐらいのことなら、まったく知覚のないロボットでもやってのける。一方、わたしたちの豊かな（そしてよく理解している）経験から下に向かってみよう。すると、他の動物には、わたしたちの経験のなかの人間的な特徴が欠けていることに気がつく。そこで、このような特徴は本質的ではないので除くことになる。仲間の動物たちに対して不公平になるようなことはしたくない。そうすると、わたしたちがやっているのは、こういうことになる。一方では、痛みのひどさ（そして、誰かが痛んでいるかどうかが道徳的になぜ重要かということ）について考えるとき、人間ならば付随してくることがらが最初に頭に浮かんでしまう。しかし他方で、そのような人間的随伴物は、知覚現象そのもの（そして、その道徳的にもっとも重要な事例である痛み）にとってはあくまで付随的であって「本質的」ではないので除くことができるという寛容な判断を下している。この結果、ちょうど夜中にすれちがう二隻の船がおたがいにまったく気づかないように、わたしたちは、一つの方向において求めている当のもの、例のXを別の方向で考えるときには削除しているという奇妙な可能性を見逃しがちである。つまり、わたしたちがそういう状況に置かれているならば、わたしたちがX、すなわち知覚における「ミッシング・リンク」に出あうのはこれからであるという確信は、みずからつくりだした幻想であることになるだろう。

このような誤りをおかしていると決めつけるつもりはないが、おかしている可能性はある。しかし、いまのところはそう言っておけば十分だろう。立証の責任は逃れたからだ。ところで、知覚の問題には「不要な現象など存在しない」という仮説が、古くから一貫して存在する。「知覚」には、もっとも単純で「ロボット的な」レベルから、きわめて敏感で人間的なレベルまで、想像し得るかぎりあらゆる等級や強さのものがある。第一章で述べたように、複数の基準が渾然一体となっているが、倫理的な方針を決めるためには、どこかに線を引かなくてはならない。しかし、境界線といっても、ごまかしのない倫理的に重要な「段階」など見つけられそうにないし、倫理的にもあまりぴんとこないだろう。

この観点から、もう一度、ヒキガエルについて考えてみよう。ヒキガエルは境界線のどちら側に入るだろうか（ヒキガエルでは悩むまでもないというなら、なんでもいいから境界線上にいると思われる生きものを選んで考えてほしい。アリでもクラゲでも、ネズミでもハトでもいい）。さて、ヒキガエルにはごくわずかでも本物の知覚があると「科学的に証明された」なら、ヒキガエルの「痛み」は、現実に経験された痛みである。ヒキガエルは、知覚のあるものだけの特別待遇を受ける資格を手に入れる。逆に、痛みを感じるための物質Xが特定され、ヒキガエルにはそれがないことがわかったとする。この場合、ヒキガエルは「たんなる自動制御」の状態だから、どんなにひどくいじめようと、倫理的な罪悪感は感じない。ヒキガエルについてのこれまでの知識から考えて、ヒキガエルへの態度を改めざるを得なくなるような想像もつかない特徴が見つかることなどあり得るだろうか。もちろん、ヒキガエルが実はおとぎ話の王子さまのようにカエルの身体にとじこめられた小さな人間だとわかったら、それがどんなふるまいをしようと苦痛を感じられるはずだから、わたしたちの憂慮は最高潮に達する。自分がその立場だったら、つらくてたまらないはずだ。だがヒキガエルが王子でないことはすでにわかっている。ヒキガエルのなかにある人間の王子とは似ても似つかない物質Xが、道徳的な意味を持つかどうか想像してごらんと言われているようなものだ。しかも、ヒキガエルはたんなるゼンマイじかけのおもちゃではなく、きわめて精巧で複雑な生物である。子孫を増やすという運命づけられた仕事を遂行するために、気が遠くなるほど多種多様な方法で自分の身を守ることができる。わたしたちなりに特別な配慮をすれば、十分ではないだろうか。しかし、わたしたちはこのたんなる高度な制御システムとは似ても似つかない未知のXを想像するよう求められている。しかも、それが見つかれば、道徳的に対処しなくてはならないのである。わたしたちは空想以上のなにかにひたることを求められているのではないだろうか。さて、人間の心に到達するまでにはまだ長い道のりが残っている。次のテーマへと歩みを進め、探索をつづけることにしよう。

光走性から形而上学へ

ひとたびポパー型生物に進化したら、つまり、脳の内部環境で事前選択をする能力を授けられた生物になったら、次はなにが起こるだろうか。さまざまなことが起こるに違いないが、ここでは効力がはっきりとわかる変革に焦点をしぼることにする。ポパー型生物の後継者のなかには、内部環境が、先に構築された外部環境の一部から情報を得ている生物がある。ダーウィンは「設計は高くつくが、設計図を写すのは安い」という原則をとなえた。つまり、最初からすべてをつくるのは非常に難しいが、古い設計を改良するのは比較的やさしいということだ。車輪を新たに発明できる人はほとんどいないが、わざわざそんなことをしなくても、車輪の構造は生まれ育った文化を通じて身についている（しかも、何種類も）。ダーウィン型生物の一部の部分のさらに一部であるこの種類の生物を、イギリスの心理学者リチャード・グレゴリーが、生物が高度な動き（正確に言うと、グレゴリーの用語では「動的な知性」）をつくりだすときの情報（同じく「潜在的知性」）の役割に関して傑出した理論を打ちだしたことに依拠して、グレゴリー型生物と呼ぶ。グレゴリーの理論では、よくできた人工物であるハサミはたんに知性の結果ではなく、きわめて端的かつ直観的な意味で、知性の原因（すなわち外部の潜在的知性）でもある。誰かにハサミを持たせたら、その人の能力が高まり、より安全かつ迅速に高度な働きをすることができるのだ（『科学の中の心』八一年）。

ずいぶん前から、人類学者のあいだでは、道具の利用がはじまったとき、それに付随して知性が飛躍的に発達したと考えられてきた。野生のチンパンジーは、エサのシロアリを取るために木の枝を釣り針がわりに使う。地中のアリの巣の奥深くまで枝を突っこんで、すばやく引き上げると、棒いっぱいにシロアリがついてくる。それを口に運ぶのである。すべてのチンパンジーがこの方法を思いつくわけではないとわかると、この話の重要性はさらに高まる。なかには、シロアリを手に入れられないチンパンジー「文化」もある。このことから、道具の使用は二つの意味で知性のしるしであると考えられる。（道具の製作はいうにおよばず）道具を道具として認識し、保持するには、知性が必要である。そして、道具は幸運にもそれを手に入れたものに知性を与えるのである。よくできている道具ほど（製造にあたって、より多くの情報がもりこまれているほど）、利用者により多くの潜在的な知性を与える。グレゴリーは、すぐれた道具の一つに彼の言う「心の道具」があると指摘した。すなわち言葉である。

言葉をはじめとする心の道具は、グレゴリー型生物に、よりいっそう敏感な動きを考えて試せる内部環境を与える。スキナー型生物は「次はなにをするか」と自問するが、なにかしら強い刺激を受けないと、答えのヒントを見つけられない。ポパー型生物は大きな進歩をとげ、「次はなにを考えるべきか」と自問したあと、はじめて「次はなにをするべきか」と考える。

強調しておきたいのは、スキナー型もポパー型も、実際には自問する必要も思考す

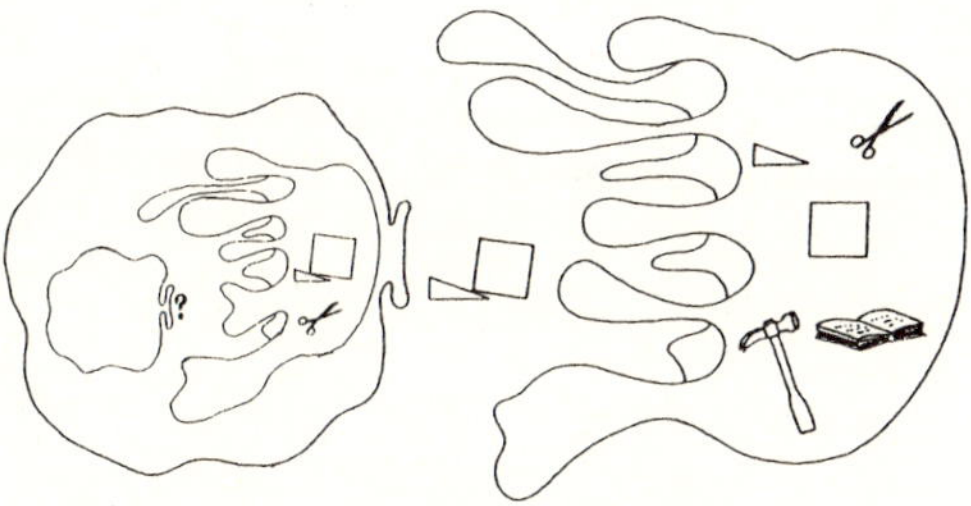

グレゴリー型生物は（文化的）環境から心的道具を持ち込む。
これらの道具は、生成とテストを改良する。

る必要もなく、ただ質問をするように設計されているだけだという点である。ここで志向的な構えの効果と危険性がわかる。ポパー型生物がスキナー型生物よりも高度だ（いわばもっと上手に遠まわりをする）と言われる理由は、量的にも質的にもすぐれた情報に対して適切な反応を示せるからである。どのように反応するかは、空想上の独白形式を用いれば、志向的な構えから、大まかだが鮮明に説明することができる。しかし、人間をモデルにして自問自答の能力が見られたからといって、その鋭敏さのすべてをこの種の生物に期待するのは間違いである。

グレゴリー型生物が人間なみの知的能力に大きく一歩近づいたのは、他者の経験のおかげである。他者が考案し、改良し、変形させた心の道具を使って、知恵を具体化したのである。そして、次に考えるべきことについて、よりよい考え方を学び、さらに、より深く、限界のない内省力を生み出した。グレゴリー型生物レベルへの到達がどうやって可能になったかは、もう一度祖先の能力をふりかえってみると明らかだ。このもっとも人間に近い知的能力は、祖先の能力をもとにしてつちかわれたのである。

生活を高めるための単純な行動の一つとして、多くの種に共通して見られるのは、光走性、すなわち暗闇のなかで光を識別し、その方向に頭を向ける行動である。感覚器官によって光は簡単に変換される。一点から発する光の経路が与えられるならば、その強さは遠く離れるにしたがってしだいに減少する。その結果光走性は変換器と作用器のきわめて単純な結びつきですら、信頼できる光走性を生み出すのだ。神経科学者ヴァレンティノ・ブライテンバーグのすばらしい著作『乗り物』には、光走性のもっとも簡潔なモデルが示されている。次ページに示したような車である。この車には光の変換器が二つあり、そこから発信される信号は、二つの作動体に交差してつながっている(船外モーターを思い浮かべていただきたい)。光を大量に変換すればするほど、モーターは速く動く。すると、光源に近い変換器のほうが遠い変換器よりも速くモーターを動かすため、車はいつも光のほうを向き、光源や周囲の障害物にぶつかるまで動きつづける。

この単純な仕組みは、「明るい」から「それほど明るくない」、「暗い」までのレベ

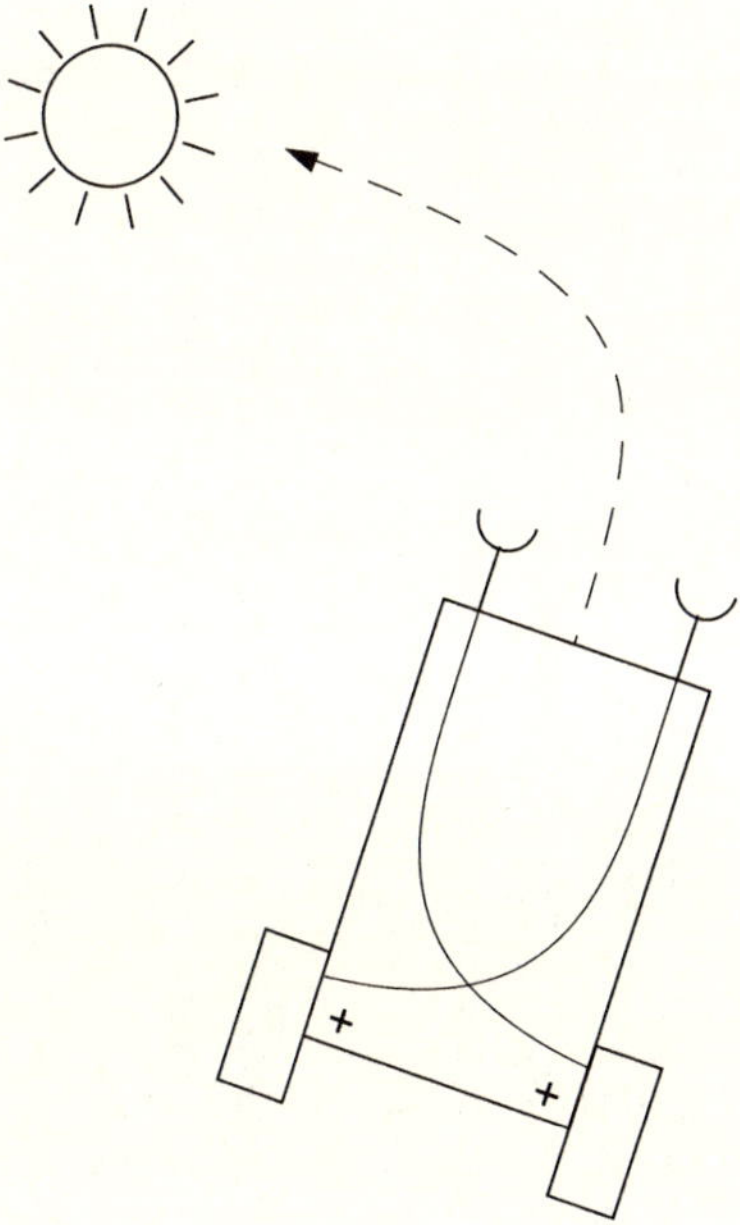

ブライテンバーグの車

ルのある世界を動きまわる。それ以外のことは何も知らないし、知る必要もない。光の認識にはほとんどコストがかからない。変換器は光だけに反応して作動するし、システムはまったく同じ光が反射したものでも新しい光でも関係なしに動く。しかし、生きものの世界では事情が異なる。この世に月が二つあったら、どちらの月を追いかけるかによって、生物の生態は変わってくるだろう。月の認識と同定も解決しなくてはならないもう一つの問題になるのだ。このような世界では、光走性だけでは不十分である。もちろん、わたしたちの世界では、月は何度も同定しなおす必要はないが、母親を認識する場合はそうとはかぎらない。

ママ走性と呼ばれる能力、すなわち、母親に向かって進む性質はかなり高度なものだ。母親が明るい光を発しているなら光走性でもこと足りるが、近くに同じシステムを使っている別の母親がいたら、そうはいかない。自分の母親が他の母親とは違う特別な青い光線を発しているなら、自分の光変換器に青だけに反応するフィルターをかけておけばうまく働くだろう。自然の生物も同じような原理をよく利用するが、その場合はもっとエネルギー効率のよいメディアを利用する。他のどんなものとも嗅ぎ分けられる独特のにおいを母親が(すぐ近くから)発するのである。この場合、ママ走性(母親を同定し、そのあとを追うこと)はにおいの変換器、つまり嗅覚によって作動する。においの強さは、周囲の水か空気を媒体にして広がる分子の鍵がどれほど集中しているかによって決まる。変換器はその鍵に合う形の錠前ということになり、ちょうどブライテンバーグの車のように、においがより集中している方向を追う。このようなにおいの信号は昔からあるものだが、非常に効果的である。人間にはこのほかにも何千というメカニズムがあるが、嗅覚の根本的な地位はゆるがない。マルセル・プルーストの有名な言葉にあるように、どれほど人間の知識が増えようと、においは理由も方法も知らないうちにわたしたちを動かすのである。*

構造原理は同じだが、他のメディアを利用するテクノロジーがある。それは、EPIRB（緊急時位置表示用無線標識）という自給式のバッテリー電源によるラジオ送信機で、特定の信号音を特定の周波数でくりかえし流すものである。マリン・ショップ

＊　においは認識信号として利用されているだけではない。パートナーをひきつけたり、ライバルの性的行動や成長を妨げるためにも効果を発揮する。嗅球からの信号は、視床を迂回して脳の他の場所に達するので、嗅覚からの命令は視覚や聴覚や触覚からの信号とは異なり、媒体を通さずに直接、旧来の制御中枢に届く。ある種のにおいに催眠術のような圧倒的な効果があるのは、他のものよりも直接的なルートを持つからだと言えるだろう。

で一つ買ってヨットに積んでおき、遭難したときにスイッチを入れるといい。たちまち世界中の追跡システムがその信号を感知し、発信源をレーダー上に示す。さらに、大きな信号表をもとに信号を調べ、どの船が発信源かをつきとめる。船を特定できれば余分な作業が減り、捜索や救助はずっと簡単になる。標識《ビーコン》を無線受信機（変換器）で受け取るときには相手が見えないが、救助隊が近づいたときには、相手の船の外観——黒いトロール船か、それとも深緑色の小さいヨットか、明るいオレンジ色のゴムボートか——を知っているとさらに助けになる。最終的に船に接近するときには、他のセンサー・システムのほうが作業は速いし、障害が起こっても（たとえばEPIRBのバッテリー切れなど）影響を受けにくい。

動物の場合、ママ走性のメディアとしてはにおいばかりではなく、視覚や聴覚の信号も使われている。動物行動学者のコンラート・ローレンツはその点に着目し、ガチョウとアヒルのヒナの「刷りこみ《インプリンティング》」を解明した。生まれてすぐのヒヨコには、母親からの信号ではなく、最初に目についた動くものが刷りこまれ、以後ずっとそれを母親だと思いこむのである。

無線標識（それに無線標識の受信機）は、ある行為者が特定の目標、たいていは別の行為者（たとえば母親）を長時間追いかける（認識し、再同定する）必要があるときに便利な仕組みである。あらかじめ目標に標識をつけておきさえすれば、あとは放っておけばいい（最近では、このシステムが車泥棒の防止に利用されている。車にしのばせておいて、盗まれたときに離れたところからスイッチを入れるのだ）。しかし当然ながら、コストもかかる。そして最大の弱点は、敵も味方も同じようにこの追跡メカニズムを利用できることだ。典型的な例では、子どもが母親と連絡をとりあうためのにおいや音を、捕食動物がキャッチして利用する場合だ。

においや音は、発信源では簡単に制御できないほど広い範囲まで広がる。エネルギーを低くおさえながらもっと選択的に標識を利用するなら、母親に特定の青い印を（顔料などで）つければいい。太陽の光が反射すると、特定の範囲内にその標識が見え、母親が陰に入れば簡単に消すこともできる。子どもたちは青い印が見えるかぎり、母親のあとをついていくことができる。しかし、この仕組みには高度な感光装置が必要である。たとえば、ただの受光細胞ではなく、単純な目のような仕組みである。

生態的に重要な（母親のような）事物に対して、安心できる密接な接触を維持する能力は、あちこちを動きまわる個体としてその事物を理解する能力を必要条件としない。前述のように、確実なママ走性は、単純な仕組みでも十分に可能である。この能力は単純な環境では有効だが、しかしこのような単純なシステムに頼る生物は「だまされ」やすく、しかもだまされても自分の愚かさに気づかず、そのまま不幸への道を転がりおちる。自分の仕事がうまくいっているかどうかを監視したり、成功や失敗の条件を考慮する能力は必要ない。それはもっとのちに備わる（そして、もっと高価な）能力である。

協力的な追跡――目標がちょっとした標識を持ち、相手が楽に追跡できるようにする――の次は、競争的な追跡である。この場合、目標はもちろん独特の信号など発しはしないし、逆に追跡しにくいように隠れようとする。このような獲物の動きに対抗するため、捕食者は対象を選ばない多目的の追跡システムを開発する。このシステムは、追跡しようとする対象がどんな姿をしていても、自分専用の一時的な標識、「サーチ・イメージ」に変換するようにできており、さしあたっては捕食者の特徴探知機に基づいてつくられている。システムは目標からの信号を刻々と対比し、相手の変化に合わせて「サーチ・イメージ」を新しく書きかえ、つねに焦点が目標に合っているようにする。

ここで重要なのは、このような多様な追跡には目標を分類する必要がないということである。たとえば、原始的な目は二百から三百の受光細胞の列からなっており、画素《ピクセル》のパターン変化を変換する。ピクセルはなにかが光を反射するとすぐにスイッチが入る仕組みになっている。このシステムなら、簡単に次のようなメッセージを送れるだろう――「ピクセル群が反応した現在探査中のXはたったいま、右へ動いた」（実際にはこのシステムではメッセージを送るのに言葉もシンボルもまったく必要ない）。ゆえに、このシステムの仕事は刻々と変化する対象について、変わった部分だけを再同定することである。それでも変化と置換にはついていける。ほぼ静止している背景に対してしだいに変化するピクセル群の場合、その形や内的な特質は大きく変化するが、変化が速すぎないかぎり追跡できる（連続した閃光を見たときに動くものの軌跡と感じるファイ現象は、もともと視覚にこのような回路があることを示している）。

　では、Xが一時的に木の陰に隠れたらどうなるだろうか。単純な解決法は、いちばん新しいサーチ・イメージをそのまま残しておき、この一時的な標識《ビーコン》が再び現われたときにとらえられるよう手当たりしだいに探査することである。発見の確率を高めるためには、あらかじめビーコンが現われそうな場所に照準を合わせておく。さらに、標識《ビーコン》の動いた跡をサンプリングして、その延長上を動くという予測のもとに探せば、首尾よく探しあてられる確率は、まぐれ当たりよりも高いだろう。これは、もっとも単純でありふれた予測法の一例であるとともに、志向性の矢の先が、存在はしないが合理的に予測されている目標に向けられるケースの好例ともいえる。

他の対象と「接触を保つ」能力（可能ならば、文字どおりの接触や操作）は、高度な知覚に不可欠である。たとえば、特定の人物や対象を視覚的に認識するためには、対象の像が、高解像度の網膜の中心部に一定時間とどまっていなくてはならない。知的飢餓状態にある微小な主体のすべてがこの能力を身につけて組織化するにはまだほど遠い状態である。ゆえに、特定の対象（なんであれ、いま目で追っているもの）の情報に注目するのは、ものごとを識別できるようになるための前提条件である。

追跡する対象との接触を保ったり、回復したりする可能性を最大にするのは、複合した独立のシステムである。一つだけでは誤りをおかしかねないシステムがいくつか集まって補いあいながら、一つの領域を受け持っている。一つのシステムがダメになっても、他のシステムが引き継ぐため、個々のシステムの働きは断片的だが、結果としてはスムーズで連続した追跡ができる。

この複合システムは、どのように結びついているのだろうか。方法はいろいろある。二つのセンサー・システムがあったとすると、まず、ＡＮＤゲートでつなぐことができる。両方のシステムがオンになれば、行為者は正の反応をする（ＡＮＤゲートはどんなメディアにも有効である。つまり、ものの原理ではなくて組織の原理なのである。たとえば、金庫を開けるには二つの鍵が必要で、両方がなければ核ミサイルで破壊するしかないというような場合、二つの鍵はANDゲートでつながっているといえる。庭のホースを蛇口につなぎ、もう一方の先にノズルをつけた場合は、両方を開かなければ水が出ないから、二つのオン／オフのバルブは、やはりANDゲートで結ばれている）。このほかに、二つのセンサー・システムはORゲートでつなぐこともできる。この場合AかBのどちらかだけで（もしくは両方でもよい）、行為者は正の反応をする。ORゲートは、上位システムのなかのバックアップや予備用のサブシステムとして用いられることが多い。システム内のユニットが一つこわれても、予備のユニットがあれば、やっていける。双発機のエンジンはORゲートでつながっている。二つとも働くのが好ましいが、なにか起こったときは一つでも十分に飛行できる。

システムの数が増えると、システム間を結ぶ関係は複雑になる。たとえば、「システムAがオンで、BかCがオンなら、システムは正しく反応する。もしくは、BとCの両方がオンでなくては正しく反応しない」というぐあいである（三つのシステムを結ぶときには、この法則を用いることが多い。つまり、三つのうちのいずれか二つが動いていれば、システムは正しく反応する）。ANDゲートやORゲートやNOTゲート（システムの出力が逆になり、オンがオフに、オフがオンになる）など、システムを結ぶ方法はすべて、システムのブール機能と呼ばれている。十九世紀のイギリスの数学者ジョージ・ブールが最初に定式化した論理演算子であるAND、OR、NOTの三つを用いて正確に記述できるためである。しかし、ブール方式以外の方法でも、各システムの出した結果を結合することはできる。サブシステムを中央の投票所に集めるかわりに、それぞれに一票ずつ与え（イエスかノーか、オンかオフか）、仕事の結果を一つの決定機関に伝えさせる（ブール的結合の結果の総計）。各サブシステムは独立性を保ちながら、たえず決定機関とのあいだに柔軟なつながりを持ち、その活動を総括した結果、最終的な行動が生まれるだろう。

二本の交差したケーブルで結ばれた光変換器を持つヴァレンティノ・ブライテンバーグの車は、きわめて単純な例である。左に向くか右に向くかは、変換器とモーターからなる二つのシステムの仕事の強さをくらべて「決定」される。しかし、ブール機能のように各変換器が合議制で決定を下すシステムほどには、結果を有効に示すことができない（原理としては、このようなシステムの入力／出力動作は構成部品のブール機能によって概算され、正しく分析される。しかし、この分析作業では関係性においてなにが重要なのかをはっきり決められないだろう。たとえば、ブール的なシステムとしての天気は理論的には可能だが、実際には機能しないし、情報も得られない）。

一つの生体にこのような回路を何百、何千も据えつけることによって、生体内部で問題が起こらないかぎり、複雑な生命維持活動がしっかりと制御できるようになる。生体は特定の内容について考えているように見える。意思決定「らしきもの」、認識「らしきもの」、かくれんぼ「らしきもの」も見える。それでも、生体はさまざまな「間違い」をおかすが、間違っている命題の表象を定式化し、それを真実とするほどにはならない。

ところで、このような人工物にはどれくらい多彩な機能を備えられるだろうか。簡単には言えない。最近の研究では、昆虫をはじめとする無脊椎動物のように比較的単純な生体に見出される驚くべき行動をいくつも行なえる人工的な制御システムが、設計されたり試運転の段階に入っている。いまはまだ、それほど複雑なシステムはつくれないが、やがて驚くほど複雑な生物の日常行動も、人工物によって組織化できると信じたい。昆虫の脳には、せいぜい二、三百のニューロンしかないのに、このようなシステムが働いて外界と巧みに連動しているではないか。たとえば、進化生物学者のロバート・トライバースはこう記している。

菌を食べて育つアリは農業を営んでいる。働きアリは葉を切って巣に持ちこみ、菌を培養する床を準備する。そこに菌を植えつけると、葉の汁が菌に栄養を与えるのだ。アリは雑菌を取り除き、最後に菌の特別の部分を収穫して、エサにするのである。

（『生物の社会的進化』八五年）

鳥や魚のパートナー選びや子育てには、長くて複雑な儀式があるようだ。儀式の各段階には知覚的な前提条件があり、儀式の前にそれを満たしておけば、障害の多い環境でも順応できるように導いてくれる。こうした複雑な作業は、どのように制御されるのだろうか。生物学者は情報源をあれこれと変えて根気よく実験をし、そうした行動を引き起こす環境上の条件を数多く指摘している。しかし、生物がどのような情報を選べるのかを知るまでには至っていない。ここで次の難題は、生物の小さな脳が、利用できるすべての感覚を情報として活用するために、どんな構造になっているかを解明することである。

わたしたちが魚やカニの仲間だったとしよう。海底に小石で巣をつくるには、小石の見つけ方を知らなくてはならないだろう。また、巣への帰り道の見つけ方も知っておかなくてはならないから、もう一度石を探しにでかける前に、見つけた小石を適当な場所に積んでおく必要がある。しかし、このシステムはかならずしもうまく働かなくていい。でかけているあいだに、よそものが自分の場所にいつのまにか巣をつくってしまうことはありそうにないので（頭のいい人間の実験者が、わたしたちに興味を持つまではだが）、自分の巣を見分けるための基準を低く、低コストにすることができる。もし、「識別」しそこなったとしても、おそらく巣をつくりつづけるだろう。相手の計略にはまったからではなく、誤りに気づく能力がわたしたちにはまったくないし、そのこと自体を少しも問題だと思っていないからである。しかし、たまたま巣を見分けるための補助システムを持っていて、ニセの巣だとわかったとしたら、二つのシステムによって別々の方向に引き裂かれ、すっかり混乱してしまうだろう。魚やカニがこのような葛藤によってうろたえているとき、次のような疑問を持つのはまったく意味のないことである。「いったいなにを考えているのだろう。この混乱した状態の命題的な内容はなんなのか」。

だが、人間のように、何重もの自己監視システムを持つ生きものは、そのような葛藤が生じたらシステムをチェックし、なんとか収拾しようとすることができる。おかした誤りだけがはっきりしすぎてしまうこともあるほどだ。脳に障害がある人は、カプグラ症候群という奇妙な妄想に悩まされることがある。この病気は、親しい知人（大好きな親友）を他人と思いこみ、なぜか姿を消してしまった親友に外見も声もしぐさもそっくりのにせものだと思いこむ症状が特徴だ。この驚くべき現象は、哲学界に衝撃を与えたにちがいない。哲学者は、認識の誤りに関する興味深い事例をたくさんつくりだしてさまざまな理論を説明していたし、哲学書には、身分を隠して旅をするスパイや殺人者、ゴリラに変装した親友、長いことおたがいを知らなかった双子などに関する空想的思考の実験があふれていた。しかし、現実の世界に起こったカプグラ症候群の事例には、まったく気がつかなかったからである。とくに驚かされたのは、それらが巧妙な変装や一瞬の見間違いから起こったわけではないことだ。それどころか、患者が近くから相手をまじまじと見つめても、相手が自分のことをわかってほしいと訴えても、妄想は消えないのである。また、カプグラ症候群の患者のなかには、自分の配偶者を殺してしまう場合があることもよく知られている。目の前にいるのは配偶者によく似ているが、他人の生活に入りこんで後釜に座ろうとしている替え玉だと確信しての犯行である。このような気の毒な事例では、患者は同一性を否定する特定の命題のほうを真であると考えている。「この男はわたしの夫ではない。夫に非常によく似ているが、わたしの夫ではない」。とくに興味深いのは、この妄想に苦しむ人々が、なぜそれほどの確信を持っているかが説明できないことである。

神経心理学者のアンドルー・ヤングは、最近、綿密で納得のいく仮説をたて、問題の原因を説明した。ヤングはカプグラ症候群を、同じく脳の損傷が原因となって奇妙な症状を起こす相貌失認と比較した。相貌失認の患者は、親しい人の顔がわからなくなる。もちろん視力は申し分ないのだが、ごく親しい友人でも顔だけでは見分けがつかず、話をするのを聞いてはじめてわかる。典型的な実験では、患者は何枚かの写真を見せられる。無名の一般人の家族写真に、有名人(ヒトラー、マリリン・モンロー、ジョン・F・ケネディ)の写真がまざっている。そのなかからよく知っている顔を選ぶように言われてもまったくできない。しかし、それほど正解率が低いにもかかわらず、研究者たちは十年以上にわたって、相貌失認患者は心のどこかで家族や親しい人々の顔を正しく識別しているのに、身体がその顔に対して別の反応を示しているだけではないかと疑っている。患者にうそ発見機のような装置をとりつけて、見慣れた顔の写真を見せながら人の名前をいくつも聞かせ、そのなかに正解はないかとたずねると、患者は正解の名前を聞いたときに、強い反応を示したのである。

この結果をもとに、ヤングをはじめとする研究者たちが出した結論は、顔の識別ができるシステムは二つ(あるいはそれ以上)あり、相貌失認患者の場合はそのうちの一つだけが生き残っているというものだった。生き残ったシステムはしっかり働きつづけているのだが、患者本人にはほとんど意識されていないと考えられる。ヤングによれば、カプグラ症候群の患者は、これと正反対の障害に苦しんでいると推測される。

表面的な顔の認識システムには問題がない。だからこそ、患者たちも「にせもの」が愛する人にそっくりだと認めるのである。しかし、この場合、ふだんは認識の確認作業をする変換システムがこわれてしまい、不気味に沈黙しているのだ。識別システムの重要な一部が欠けたことによって大混乱が起こり（「大変だ、どこかが欠けている！」）、残ったシステムの賛成票に対して拒否権が発動されたような事態に陥ってしまう。そして結果的には、患者が心底から相手を「にせもの」と思いこむことになるのである。患者は自分の不完全な知覚システムの食い違いを責めず、突拍子もないやりかたで世界を責める。まったく信じられない患者の反応に、周囲の人間もシステムが故障して本来の力（とくに結果を左右する決定権）を失ったためとは考えもつかない。この特定のシステムの知的飢餓状態が満たされない場合に、システムは発作を起こし、他のシステムの仕事を邪魔するのである。

忘れっぽいカニと奇妙な思い違いをするカプグラ症候群患者の中間の例がある。犬は主人を認識できないのだろうか、それとも認識しそこなうのだろうか。ホメロスによると、オデュッセウスが二十年におよぶ放浪の旅の末にイタカに帰ったとき、ぼろ布をまとって乞食に身をやつしていたにもかかわらず、年老いた飼い犬アルゴは主人に気づいて、嬉しそうに尻尾をふって耳をたらし、息絶えた（オデュッセウスがそっと涙をぬぐったことも忘れてはならない)。世のなかには他にも大切なことがたくさんあるが、カニに自分の巣の場所をおぼえておく(ように努力する)理由があるように、犬には主人をおぼえておかなくてはならない理由があるのだ。再認識しなくてはならない理由が逼迫すればするほど、間違えないようにしなくてはならず、そのために知覚と認知の能力がますます発達する。より高度な学習ができるかどうかは、前もって(再)認識能力を身につけているかどうかにかかっているのである。

単純な例をあげてみよう。オデュッセウスが月曜日と水曜日と金曜日にはしらふだが、土曜日には酔っぱらっていたのを犬が見たとする。一連の経験から論理的に引きだせる結論はいくつかある。たとえば、「酔っぱらいの男たちとしらふの男たちがいた」、「ひとりの男がある日は酔っぱらい、また別の日にはしらふだった」、「オデュッセウスはそんな男だ」などである。犬がこの経験をもとに二番目と三番目の事実を知ることは、不可能にちがいない。しかし、すべての経験に登場する人物を同一人物だと認識する方法(間違えることもあるが、ある程度は信頼できる方法)が犬にもあるなら別である(同じ原理を驚くべき事実に当てはめてみよう。奇妙なことだが、論理的に言えば、鏡を見て、自分の顔を自分の顔だと認識するためには、それとは別の独立した同定方法がなければならない。そのような独立した認識がなければ、鏡のなかの自分も写真のなかの自分も、自分とは気づかない)。

犬はカニよりもずっと内容が豊富で複雑な行動の世界に生きている。ごまかしや虚勢や偽りなどもある世界なので、まぎらわしいヒントをはじくことで、得るものも多い。それでも、犬のシステムも絶対に確実である必要はない。犬が見分けそこなったら、それは認識の誤りと評価されるべき問題であり、いかにも犬がそれを信じてふるまっているように見えても、その命題について考える力があると断定するのはまだ早い。物語のなかのアルゴのふるまいは感動的だが、感傷で論理を曇らせてはならない。アルゴは秋のにおいが好きで、毎年、熟れた果物の香りが鼻先を吹きぬけると嬉しそうな様子を見せるのかもしれない。だからといって、毎年めぐってくる秋という季節や、久しぶりに帰ってきたオデュッセウスを識別したことにはならない。アルゴにとって、オデュッセウスは心地よい香りや音、姿や感情などの集合体にすぎないのだろうか——不規則に訪れる季節のようなもので(二十年に一度しかめぐってこない季節など聞いたことがないが)、その期間中は特定のふるまいをしたくなるのだろうか。オデュッセウスは普通はしらふだがときどき酔っぱらうこともある季節のようなものなのか。

人間特有の見方をすると、アルゴがこの世界で名犬といわれたのは、アルゴのふるまいが、わたしたち人間の成人のように個々の相手をはっきり見分けられる行為者の行動とよく似ていたためだろう。そのため、志向的な構えからアルゴの行動を解釈すると、アルゴがオデュッセウスを他人と区別できたとか、強いライバル犬と弱いライバル犬を、あるいは小羊と他の動物を見分けただろうと考えてしまう。しかし、アルゴの理解力には、人間とは驚くほどのギャップがあることを承知しておかなくてはならない。それは、わたしたちの理解様式からは考えられず、したがって人間の言語ではまったく言いあらわしようのないギャップである。

ペットの知性に関する物語は、何千年も昔からあった。古代ストア学派の哲学者クリュシッポスは、犬には次のような理性的な行動がとれると述べている。三つに分かれた分岐点にくると、犬はAの道とBの道のにおいを嗅ぎ、「Cのにおいは嗅がずに」Cの道を選んだ。AとBににおいの痕跡がないから、獲物はCの道を行ったはずという理由からである。しかし、自分のペットがびっくりするような愚かな真似をした話はしたがらないし、またペットの能力に見出した欠落の意味（たとえばバカだとか）は認めたがらないものだ。そんなに犬が利口なら、樹木や街灯のまわりを走りまわって皮紐が巻きついてしまったとき、それをほどく方法を知っていそうなものだ。なにもこれは、犬にとって不当な知能検査ではない。詩のなかの皮肉を感じとれるかとか、論理的にどちらが温かいかを推論できるか（AはBよりも温かくBはCよりも温かいとすれば、CはAよりも温かいか冷たいか）をテストするわけではないのだ。そんなテストをしても、合格する犬はほとんどいないだろう。また、イルカはあれほど賢いのに、どういうわけか、マグロ網に囲まれたとき、網を跳びこえれば簡単に安全な海へ逃れられることがわからない。水面から跳び上がることは、イルカにとっては決して不自然な行動ではないから、なおさらその鈍感さが不思議に思える。研究者たちがつねに感じているように、人間以外の動物の能力を仔細に調べれば調べるほど、彼らの能力と人間の能力のあいだには唐突なギャップが存在することに気づく。個々のケースで利用した知恵を一般化する能力は、動物にはほとんどないのである（この点については、オナガザルの意識を通じて画期的な解明を行なった研究がある。チェニーとセイファースによる『サルの目から見た世界』（九〇年）を参照されたい）。

わたしたち人間は、独自の方法で内省する能力から得た視点のおかげで、追跡の失敗を認めることができる。これは他の生きものにはまったく理解できないことである。トムが何年も幸運のコインを持ち歩いていたとする。トムはコインに名前をつけていなかったが、ここではエイミーと呼ぶことにしよう。トムはエイミーを持って旅行へもいったし、スペインでベッドの脇のテーブルに置いて眠ったこともあった。だがある日ニューヨークで、トムは衝動的にエイミーを泉に投げいれた。エイミーは泉のなかにある多くのコインとまざってしまい、トムにもわたしたちにもまったく見分けがつかなくなってしまった。少なくとも、同じ発行年度が刻印してあるコインとは区別できない。トムはこのなりゆきを「反省する」ことができるし、このコインのなかの一つは、いつも持ち歩いていた幸運のコインだという命題が正しいことがわかる。自分が長年いろいろな方法で一緒だったものを見失ってしまい、取りかえしがつかないという事実に困惑する（あるいはただ楽しむ）こともできる。トムがエイミーらしいコインを泉から拾い上げたとしよう。彼は次にあげる二つの命題の一つ、ただ一つが真実だと考えることができる。

1　いまこの手にあるコインは、わたしがニューヨークに持ってきたものだ。

2　いまこの手にあるコインは、わたしがニューヨークに持ってきたものではない。

トムにもこの世の誰にも本当はどちらであるかを決定することができないとしても、未来永劫どちらか一方が正しくなくてはならないということは、宇宙科学者をわずらわすまでもなく理解することができる。同一性に関する仮説を立て、ほとんどの状況で検証するというわたしたちが実際に持っているこの理解能力は、その他の生物にとっては無縁のものである。さまざまな生物は、実践と計画のために個体、すなわち、自分の母親、配偶者、獲物、群れの上位者と下位者などを追跡し、再認しなければならない。しかし、人間以外の動物の場合、そのようなことをしているときに、その行動自体がまさにそのようなことであると理解していることを証明する証拠は提出されていない。すなわち、動物の志向性は、われわれ人間が到達した形而上学的に特殊なレベルまでは到達していないのである。

人間はどのようにして、そのレベルまで到達するのであろうか。そのようなことを考えるためには、宇宙科学者に来てもらう必要はないが、心の道具の一つとしての言葉を持つグレゴリー型生物は必要である。しかし、言葉を使うためにわたしたちは、心の道具を自分が住んでいる（社会的）環境のなかから取りだすことを可能にする特別な能力を備えていなければならない。

5　思考の誕生

言語は、人々が自分の考えをたがいに隠しあうために発明された。

シャルル＝モーリス・ド・タレーラン

思考しない自然の心理学者たち

　多くの動物は身を隠すが、自分が隠れているとは考えていない。多くの動物は群れるが、群れているとは考えておらず、獲物を追うが、追っていると考えてはいない。神経系がその場にあった賢明な行動をとるよう制御しているおかげで、主体の頭は思考という重荷を背負わずにすむのである。この場合の思考とは、議論の余地はあるものの、思考のようなもの、すなわち人間が思考と考えるものである。捕まえては食らい、隠れては逃げ、群れをなしては散る。そのすべてが無思考のメカニズムの力によって行なわれているようだ。しかし、賢明な思考がともなったり、あるいは先行したり、制御したりする行動は、はたして存在するのだろうか。
　もし志向的な構えを適用することが、わたしの主張してきたとおりのすばらしい恩恵をもたらすのなら、動物の心を解明する手がかりを探すべき場所は、他者（そして自分自身）に志向的な構えを当てはめる能力を持っている志向的なシステムである。だから、他の種の動物の思考（と仮定されるもの）における違いに敏感に反応する生きものを探す必要がある。行動主義者についての昔からのジョークを紹介しよう。「行動主義者は信念を信じない。なにものも考えられないと考えている。そして、彼らの意見は、意見を持つものはいないというものだ」。ここに示されるように行動主義者は、自己矛盾に陥り、進化はとまってしまう。では、そのように進化がとまり、他者の心について仮説を立てることができない動物はどの種の動物であろうか。他方、より高い進化のレベルに上がることを強いられたり、上がる力を得たのはどの種の動物だろうか。もちろん、思考しないものが他者の思考に気づいたり操ったりするというのは、どこか矛盾している。ということは、まさにこのあたりに進化において思考が発生する知性のレベルを見出すことができるであろう。

思考はそれ自身によって思考を生み出すのだろうか（あなたがわたしの思考について考えようとすると、わたしはあなたと互角でいるために、あなたの思考について考えはじめなくてはならず、反省の軍拡競争になってしまう）。多くの理論家は、このようなある種の軍拡競争によってより高い知性が生まれたと考えている。心理学者ニコラス・ハンフリーは、多大な影響力を持つその論文（「自然の心理学者」七八年）のなかで、自己意識の発達は、他者の心のなかでなにが起こっているかについて仮説を立て、それを試すための戦略だったと述べている。他者の思考を感じとって操れるようになると、それにともなって自分の思考についても敏感に行動できるようになるだろう。その理由は、ハンフリーが言うように、自己意識が他者の意識についての仮説を生むためか、もしくは他者に志向的な構えを当てはめる習慣を身につけると自分にも同じ方法を使えることに気づくためかのどちらかだろう。あるいは二つの理由が組み合わさって、意識的な構えを使う習慣が他者の解釈と自己の解釈の両方に広がったとも考えられる。

「人格であるための条件」という論文で、わたしは一つの人格になるための重要なステップは、第一次の志向システムから第二次の志向システムに進歩することだと論じた。第一次の志向システムとは、いろいろなものを信じたり欲したりするが、信念や欲求そのものを信じたり欲したりしないシステムを指す。一方、第二次の志向システムは、自分にも他人にも信念や欲求があることを信じたり欲したりできる。さらに第三次の志向システムでは、自分がなにかを欲していることを相手が信じるようになって欲しいと思えるようになる。そして第四次になると、相手がなにかを信じていると こちらに信じるように欲していると信じることができる……というふうにつづく。わたしは第一次の志向システムから第二次へ移ることが大きな変化であると論じた。それより上のレベルは、行動の主体が一度にどれだけのことを頭に思い描けるかという問題であり、一つの主体のなかでも状況に応じてレベルが変わる。自分でも気づかないうちに、簡単に高いレベルに達してしまうこともある。映画のなかの男が、必死になって笑いをこらえているのはなぜだろう。話の筋からすると、理由は明快だ。彼にダンスに誘って欲しいと思っている彼女の気持ちを彼がすでに知っていることに彼女が気がついていないのを彼は知っているからだ！ そうかと思うと、たんなるまわりくどさに苦労することもある。わたしは、わたしがいま言っていることをあなたに信じて欲しいとわたしが思っていることをあなたに信じて欲しいのだが、あなたはわかっているだろうか。

けれども、わたしばかりでなく他の人たちも述べたように、さまざまな心のレベルがあるなかでより高いレベルの志向性に到達することが重要な進歩だとしても、わたしたちが求める思考をともなう賢さと思考をともなわない賢さとの境目は、思ったほどはっきりしていないのかもしれない。

人間以外の動物の持つ高いレベル（に見える）の志向性の事例の研究では、巧妙ではあるが反省のない行動にとどまるものが報告されている。平地に巣をつくる鳥たちの有名な「目くらまし行動（擬傷行動）」を思い出してみよう。捕食動物が巣に近づいてくると、親鳥たちは攻撃されやすい卵やヒナからそっと離れ、羽根を折ったふりをして羽毛を散らしながら、できるだけ哀れっぽい声で鳴いてみせ、敵の注意を引きつける。すると、捕食者はたいてい巣を狙うのをやめて、親鳥のほうを追う。しかし、ごちそうはそう簡単にはつかまらない。この行動の自由浮遊的な理由は明らかである。リチャード・ドーキンスが『利己的な遺伝子』で使った便利な方法をまねて、「空想の独白」形式で説明しよう。

わたしは平地に巣をつくる鳥です。わたしのヒナたちは、捕食動物に見つかっても身を守ることができません。敵がこちらに近づいてきて、いまにもヒナを見つけそうなので、わたしは奴らの目をヒナからそらさなければなりません。そこで、奴らにわたしのほうを捕らえたいと思うように仕向けますが、そのためには実際にわたしをつかまえられそうだ（にせものではありません）と思わせる必要があります。「もう飛べない」という証拠を見せて、相手を信用させるのです。羽根を折ったふりをすれば信じてくれます。

（デネット「認識的動物行動学における志向的システム」八三年）

第二章にあげたシーザーを刺殺したブルータスの例でも、ブルータスは独白しながら自分を説明したと考えてもいいのではないだろうか。もっとも普通は、どんなに饒舌に自己を表現する者でも実際それを口に出すことはまずないだろうが。鳥にこのような独白ができるとは思えない。それでも、親鳥のこの独白が行動を起こした理由を説明しているのはたしかである。鳥がその理由を理解していようといまいと、関係はない。動物行動学者キャロリン・リストーの研究（九一年）によれば、少なくともフエチドリの場合、目くらまし行動をきわめて巧みに制御しながら行なっていることがわかった。たとえば、捕食動物の視線を見ていて、相手の特徴を見抜き、相手が興味を失った様子を見せたときはいっそう大げさにふるまったり、相手の特徴を見抜き、それに合わせて行動したりする。チドリはまた形や大きさをもとに侵入者を区別する。牛はチドリにとって捕食者ではなく、近くに寄った鳥を食べようとすることはないから、牛を別扱いし、目くらましをするかわりに、けたたましく鳴いたり嘴で突ついたりして追いはらおうとするものもいる。

野ウサギは近づいてくるキツネなどの捕食動物を見きわめて、危険度をはじきだす。キツネが、どうやら攻撃可能な距離に入ってきそうだとわかると、キツネに気づかれないようにじっとうずくまっているか、うずくまったまま、できるだけ速く静かに、ものかげに身を隠す。しかし、相手のキツネが自分に追いつけないと判断すると、野ウサギは驚くべき行動にでる。なんと、後ろ足で立ち上がってキツネをじっと見下ろすのである。いったいなんのためにこんなことをするのだろうか。キツネにあきらめろと知らせているのである。「わたしはとっくにおまえに気がついているが、少しもこわくない。わたしを追いかけて、貴重な時間ともっと貴重なエネルギーを無駄にするな。あきらめろ!」すると、キツネはたいてい言われたとおりにウサギをあきらめ、別の場所へ夕食を探しにいく。おかげで、ウサギもエネルギーを無駄にせずにすみ、食事をつづけられるのである。

　この行動の原理も、ほぼ間違いなく自由浮遊的である。ウサギは戦略として自分から姿を現わしたのではないだろうし、考えてしたことでもないだろう。ライオンやハイエナに追われるガゼルも、跳びはね歩き《ストッティング》と呼ばれるそれに似た行動をよく見せる。どんなに高く跳びはねたところで逃げるにはなんの役にも立たないはずだが、これは捕食動物に対して自分のスピードがまさっていることを見せつけるための行動なのである。「このわたしを追っても無駄だよ。別のガゼルを追ったほうがいい。わたしはとっても脚が速いから、こんなばかな跳ね方をして時間やエネルギーを浪費しても、まだおまえよりも速く走れるんだ」。この策略はとても効果的で、捕食者はたいてい別の動物に関心を移すのである。

捕食動物と獲物とのあいだの行動には、他にもここに引用できる例がたくさんあり、すべて念入りに理由づけされているが、動物がなんらかの方法でその理由を自分に表象しているという証拠はまったくといっていいくらいない。これらの生きものを（ハンフリーの用語にしたがって）「自然の心理学者」と呼ぶなら、彼らは思考しない自然の心理学者である。彼らはかけひきする相手の心を思い浮かべたりはしない。つまり、相手の行動を予測したり、ひいては自分の行動を決定したりするために、自分以外の動物の内的な心の「モデル」を調べる必要がない。知覚の手がかりのリストと、それとうまく連動する行動の選択肢が並んだ長めのリストを持っているので、それ以上のことを知る必要はない。これは相手の心を読んでいることになるのだろうか。フエチドリや野ウサギやガゼルは、高いレベルの志向的なシステムなのか、そうではないのか。このような疑問はもはや、さほど重要とは思えなくなっている。むしろ重要なのは、このような動物には心を読む能力があるように見えるが、どうやってそれを身につけたのかということである。それでは、この長いリストに書かれていないことをする必要はいつ生じるのだろうか。動物行動学者のアンドルー・ホワイテンの指摘によれば、その必要性が生じるのは、リストが長くなりすぎて補おうにも手がつけられなくなったときだけだという。このようなリストは、論理学の用語でいう条件命題（「……ならば……」）が「そして」によってつながった長い命題に相当する。

「Xであれば、Aをせよ」、そして「Yであれば、Bをせよ」、そして「Zであれば、Cをせよ」……

相互に独立した条件命題の数が多くなると、もっと系統だった表現に整理したほうが経済的であることもある。種——どの種かはいまのところわからないが——によっては、わかりやすく一般化するための画期的な方法として図をとりいれ、新しいケースが生じたときに、いったんリストをこわし、第一の原則にしたがって再構築できる。ホワイテンの図表（次ページ）について考えてみよう。ある動物が他の動物に対して、特定の欲求を中心とする複雑な内的表象をあらわしたものである。

　これまでと同様、わたしたちにはこのような整理法の背後にある理由はわかるが、整理した本人がなんらかの方法でその理由を表象している必要はない。幸運にもこのような改良型の図が思い浮かんだなら、それがなぜ、どのように効果をもたらすのか

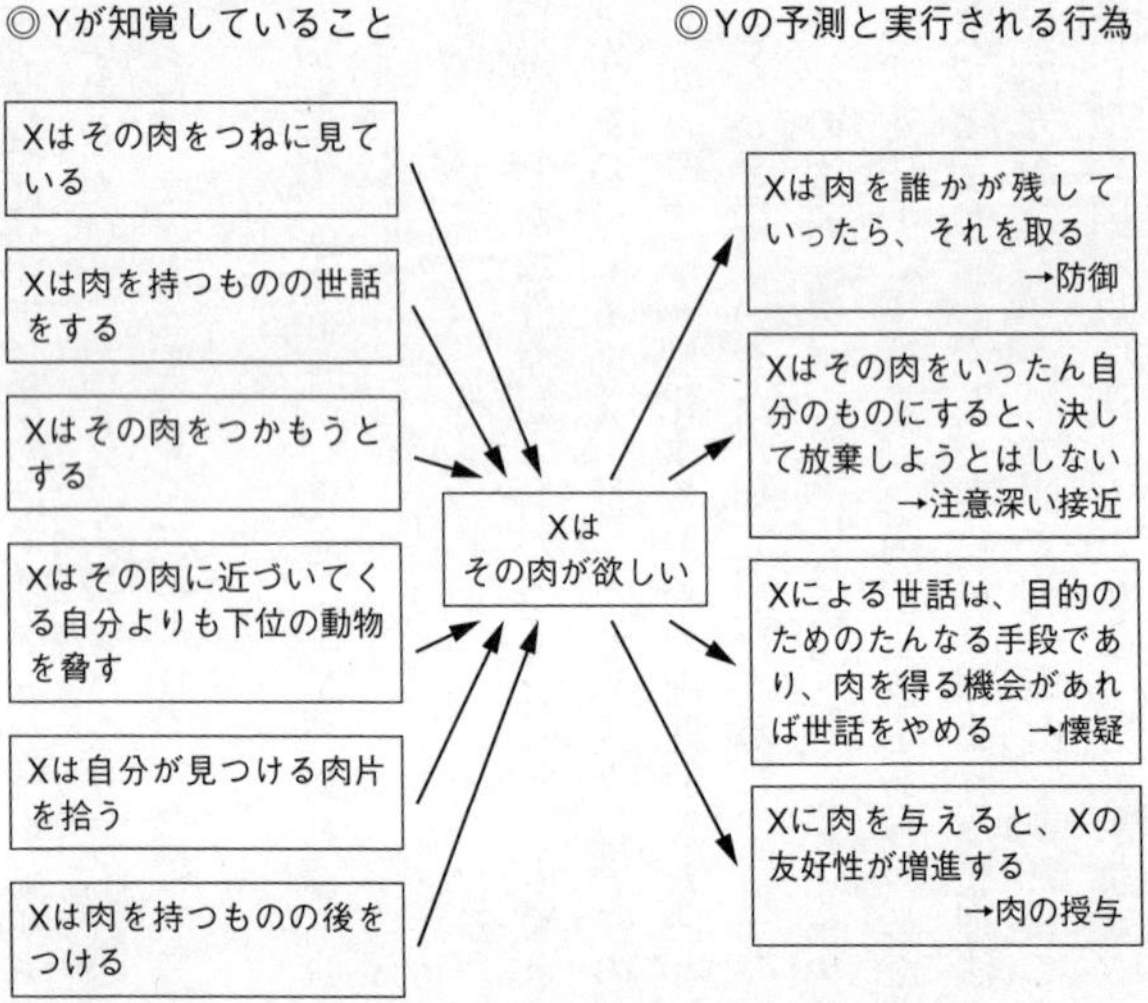
◎Yが知覚していること
◎Yの予測と実行される行為
Xはその肉をつねに見ている
Xは肉を持つものの世話をする
Xはその肉をつかもうとする
Xはその肉に近づいてくる自分よりも下位の動物を脅す
Xは自分が見つける肉片を拾う
Xは肉を持つものの後をつける
Xはその肉が欲しい
Xは肉を誰かが残していったら、それを取る →防御
Xはその肉をいったん自分のものにすると、決して放棄しようとはしない →注意深い接近
Xによる世話は、目的のためのたんなる手段であり、肉を得る機会があれば世話をやめる →懐疑
Xに肉を与えると、Xの友好性が増進する →肉の授与

「ホワイテンの図表」

は考えずに、ただその恩恵だけを受ければいいのである。しかし、この図は見かけどおり改良になっているのだろうか。損失と利益のバランスはどうだろう。価値はさておき、この図はどうやってできたのだろうか。ある日突然、「超過」——条件的な規則が多すぎて、同時に働かない——の問題が深刻化し、それに対応するための窮余の一策としてたまたまできあがったのだろうか。たぶん、そうだろう。しかし、協調して働く準独立型の制御システムの数が、一つの神経系のなかにいくつまで共存できるかは、いまのところ誰にもわからない（本物の神経系を持つ本物の主体の場合、いくつとは言えないだろう。おそらく何十万もの「知覚—行動制御回路」が、脳のなかでうまく連動していると思われるが、そんな状態で、数をうんぬんする必要があるだろうか）。

このほかに、制御構造の再構築をうながしながら、余禄として一般化の能力を生んだ選択的圧力はないのだろうか。動物行動学者のデヴィッド・マクファーランドは、コミュニケーションの必要性が設計変化をうながす圧力になると述べた（八九年）。しかし、本章の冒頭に記したタレーランの皮肉な言葉は、それ以上に核心を突いている。タレーランの言葉によるなら、種のなかにコミュニケーションが生まれると、たんに正直なだけでは競争相手につけいられてしまい、やっていけなくなる。捕食動物と獲物のコミュニケーションの場合、その内容はつねに競争的である。ガゼルの跳びはね歩きやキツネを見下ろす野ウサギなどに見られる最低限のコミュニケーション行為には、それがよくあらわれているし、動物がどのように虚勢を張り、どのように相手をだますのかもよくわかる。予測のためのいたちごっこでは、相手よりもうまく行動を予測できるほうが圧倒的に有利である。そのため、主体にとって、つねに自分の制御システムを読みにくくしておくことが重要なのである。予測されにくいことは立派な防御策であり、決して無駄づかいはされず、いつも巧みに利用される。もっともらしく見える程度の真実と選択肢としてのうそをおりまぜて、巧妙に小出しにしていけば、コミュニケーションを通じて得るものは豊かになる（これはポーカーをするときに最初に学ぶ知恵である。ブラフを使わない者は一度も勝てないが、いつもブラフを使う者はつねに敗ける）。だとしたら、野ウサギとキツネが一致協力して、時間やエネルギーなどの資源を節約しているとも考えられるが、実際、一時休戦したほうが両者にとって得策なのである。

同じ種のメンバー同士のコミュニケーションにおいてのほうが、協力の輪を広げることによって、より多くの利益を得ようという期待が目につきやすい。たとえば、食料を分けあったり、子どもの世話や集団防衛で損失やリスクを共有したりするなど、たがいに協力しあう機会は多い。しかし、逼迫した状況があるからこそ、このような機会を利用するのである。自然界では、親同士や親子間の協力は決して当たり前のことではない。競争の可能性はどこにでも存在する。たがいに有益に見える関係でも例外とは言えず、競争を抜きにして説明することはできないのである。

マクファーランドによれば、自分の行動をはっきりとわかりやすく表現する必要があるのは、協力の可能性も残しつつ、自己防御に重きをおくコミュニケーションの場合だけである。なぜなら、そのような場合には新しい種類の行動が主体の制御の対象にならなければならないからである。すなわち、自分のいま行なっている以外の行動に関することをはっきり伝えるという行動を制御しなくてはならない（たとえば「わたしはいま魚をとろうとしている」、「母親を探しているところだ」、「いまは、ちょっと休んでいる」などと）。このようなコミュニケーション行動をつくりだし、実行する必要にせまられた行為者に生じる問題は、わたしたちのような観察を中心とした理論家にふりかかる問題とまさに同じである。張りあい、エスカレートし、まじりあい、からみあった多くの行動制御回路を、一つずつ切り分けて選択肢群に整理するにはどうすべきだろうか。

コミュニケーションでは、明快な答えが好まれる。諺にもある通り、「魚を釣りたいのか、それともエサを捨てたいのか」である。このように、コミュニケーションするためには、行為者はどの種類の行動をするかをはっきりさせなくてはならないので、しばしば歪みが生じる。複数の選択肢から一つを選ぶテストで、設問がうまくできていないときに、同じような歪みに気づくことがある。「その他」という選択肢がないときには、もっともズレの少ない近似値の答えを選ばざるを得ない。マクファーランドは、自然が顕著な手がかりを与えていないところで分類の作業をする場合、行為者は「近似的作話」とでもいうべき方法を使って解決しなくてはならないと指摘している。つまり行為者は、自分の癖とは、さまざまな条件との相互作用によってあらわれる行動の傾向のことではなく、明確な目標——いわば行為の青写真——によって制御されているものだと認識するようになる。このようなまわりくどい方法でひとたび意図の表象が生じると、行為者自身も、はじめに明確な意図があって、それが自分の行為を管理していると思いこんでしまう。コミュニケーションの問題を解決するために、行為者は自分専用のメニューからなる特別なユーザー・インターフェースをつくり、自分の手でつくったその枠組みにみずから取りこまれてしまうのである。

しかし、このようなコミュニケーションをうまく活用するチャンスは、非常にかぎられている。多くの環境では秘密を守るのが難しく、行動主体の性向や能力はまったく関係がない。秘密が守れなければ、コミュニケーションの出る幕はほとんどなくなってしまう。昔から、隠しごとがある者は人のことをとやかく言うなというが、自然界に生きる動物たちには隠しごとのしようがないのだ。広い縄張りのなかで群れをなして一緒に生活する動物は、仲間の姿が見えないとか、声が聞こえない（におわない、さわれない）ような場所に長時間いることがほとんどないので、秘密の横行する状況を経験する機会がない。たとえば、事象pが生きるために重要な事実で、自分はそのpを知っているが、他にはまだ誰も知らないとする。自分も、近くの潜在的な競争相手も、みながその情報を十分に得られるなら、自分が一時的に人よりも多くの情報を持っていたとしてもそれを生かせる状況が訪れる可能性はまずない。北西に向かうライオンの姿やにおいを誰よりも先に感知しても、その情報をひそかに貯えておく（あるいは売る）ことはできないだろう。密集して住んでいる仲間も、まもなくその情報を手に入れるからである。このように、一時的な情報の優先権はなかなか制御できないので、たとえばずるがしこいヌーでもその才能を生かすチャンスはほとんどないだろう。では、他者をだしぬいて有利な立場に立つにはどうしたらいいのだろうか。

志向的な構えから見ると、「秘密を守る」という一見簡単な行動――自分が有利なときになにもしないという行動――は実際は、もっと厳しい条件をみたすことによって成功する。ビルが秘密pをジムに知られないように隠そうとする。そのためには、次のような条件が必要である。

1　ビルは、pを知っている（信じている）。
2　ビルは、ジムがpを知らないことを知っている。
3　ビルは、ジムにpを知ってほしくない。
4　ビルは、ジムがpを知らないようにすることが自分にできると思っている。

最後の条件があることによって、（たとえば、外的環境の特徴などに関する）高度な秘密保持行動を保てるのは、特定の行動環境にかぎられる。この点は、七〇年代に霊長類学者のエミール・メンツェルが行なった実験によって明らかになった。一頭のチンパンジーにエサの隠し場所を教え、他のチンパンジーたちをだます機会を与えた。チンパンジーは、しばしばチャンスを生かしてすばらしい結果を示したが、それは実験者が野生ではありえないような状況を実験室のなかにつくりだしたときにかぎられていた（フェンスで仕切った大きな囲いの隣に檻をつくって実験した）。隠されたエサを見たチンパンジーは、他のチンパンジーがそれに気づいていないのも知っている。他のチンパンジーをすべて隣の檻に閉じこめておいて、そのチンパンジーだけを大きな囲いにつれていき、エサの場所を見せてやったからだ。選ばれたチンパンジーは、自分だけがpを教えてもらうところ、つまり囲いのなかで情報を与えられているところを、檻のなかのチンパンジーたちには見られていないということが、わからなくてはならない。そしてもちろん、そのチンパンジーは他のチンパンジーが檻から出されたあとも、秘密を守るためにはなんらかのことができなくてはならない、少なくとも、しばらくのあいだは。

野生のチンパンジーは群れから遠く離れて歩きまわり、長いあいだ帰ってこないことがよくあるので、自分の力で制御できる秘密を見つけられる。だから、チンパンジーはこのような実験に適しているのである。進化の歴史において、このような機会が自然に、そして頻繁に生じる環境に恵まれなかった動物は、このチャンスを生かす能力を育てられない。これまでに利用されなかった才能を（実験室で）発見することは、もちろん不可能ではないが、いつ技術革新が起ころうとも、使われない才能が現実の世界で発現することはまずありえないからだ。このような能力があらわれたとしても、他の選択的圧力の下で発達した能力の副産物としてだろう。しかし一般的に、認知の複雑さは環境の複雑さにともなって生じると予測されるため、複雑な認知能力を持つ種があるとすれば、それはまずそれなりに複雑な環境に対処してきた長い歴史を持つ種に違いない。

これらの点をすべて総合すると、思考、すなわち人間のような思考が存在するには、まず話ができなくてはならず、そのためには秘密を守れなくてはならず、さらに行動する環境を適度に複雑化する能力がなくてはならない。もしこのようなふるいに徹底的にかけて、こぼれ落ちたほうの種に思考力があったとしたら、驚くべきことである。行動の選択肢が比較的単純であるかぎり、フエチドリの例に見られたように、レベルの高い表象が生まれる必要性はないし、その可能性もまったくない。フエチドリや野ウサギやガゼルが、必要にせまられて高いレベルの刺激反応性を得られたのは、おそらくABCネットワークのおかげだろう。ほぼ完全にダーウィンのメカニズムによって設計され、スキナーのメカニズムによってあちこちを補強されたABC学習でも、この程度の刺激反応性なら十分身につけられる——ただし、この点が実証されるまでの道のりはまだ遠い。特定の個体に対して対応を変えることがはっきりと証明される事例が見つかれば、興味深いだろう（たとえば、フエチドリは相手が以前に会ったことのある犬だと認識した場合、無駄に同じ手をくりかえさない。また一度危険な目にあった野ウサギは、そのキツネに対してだけ極端に大きく距離をとって見下ろすようになるなど）。このようなケースでも、比較的単純なモデルで学習方法を説明できる。この種の動物はポパー型生物、すなわち過去の経験を手引きにして、魅力的だが試したことのない行動は避けることができる生物なのである。しかし、それでもまだ、はっきりと思考できるとはいえない。自然の心理学者たちは、自分や他者の志向性にどんな特徴があるかについて、伝えあう機会もなければ伝えあう義務も負わないし、記憶の内容を披露しあって他者と論争する機会や、おかしいと思う理論の根拠を求める機会も持たない。しかし、このような状態でいるかぎり、理由を表明せよという選択的圧力も、「知るべきことだけ知る原理」を捨てて、その対極として有名な「コマンド隊の原理」をとれという圧力も存在しないように思われる。「コマンド隊の原理」とは、各隊員に計画の全容にかかわる情報をできるかぎりたくさん与え、不測の事態が起こったとき、隊が臨機応変に対応できるようにする方法である（『ナバロンの要塞』や『ダーティー・ヒーロー』など数多いこの手の映画を見ると、なんでもこなす抜け目のない隊員たちの手柄話を通じて、コマンド隊の原理がよくわかる）。

鳥の志向性、野ウサギの志向性、そしてチンパンジーの志向性、さらに根本的にレベルの高い志向性を説明する自由浮遊的な論拠は神経系の構造にあるが、わたしたちがこの本で探しているのはもっと別のものだ。神経系によってあらわされた論拠を探しているのだ。

ABC学習は、データの山にひそんだ特定の行動様式を引きだすことができるきわめて敏感で強力な識別能力を生むのだが、この能力は訓練によって改造された特定の組織に固定されてしまっている。簡単に「移動させて」、個人が直面する問題や他者と共通の問題に生かすことができないという意味では、「埋めこまれた」能力と言える。哲学者のアンディ・クラークと心理学者のアネット・カーミロフ＝スミスは近ごろ、このような埋めこまれた知識しか持たない脳から、彼らのいう「すでに表現されている知識を再表現する作業を通じてみずからを豊かにする」脳への変化を研究している（九三年）。クラークとカーミロフ＝スミスによると、「一つの知識構造の一領域について、わたしたちの持っている知識のさまざまな面を複雑に織りこむ」という脳の設計法には明確な利点もある一方、欠点もあるという。「織りこんでしまうことによって、知識のさまざまな面を個々に操作したり活用したりすることが、実際にできなくなる」のである。このような知識は、関係性の網の目のなかに隠れてかすんでおり、「システムのなかにある」が、「システム化されて」はいない。卵からかえったばかりのカッコウはライバルの卵を巣の外に押しだすが、その行為のもとになる早熟でいちずな目的意識に見られる知恵とよく似ている。神経の網の目に織りこまれた知恵を評価し、理解し、利用できるようにするためには、カッコウのコンピュータ的な構造になにを加えなくてはならないのだろうか。

この疑問に対する答えはさまざまだが、一般に好まれるのは「記号」である。この答えはほとんど同語反復的で、ある解釈ではたしかに正しい。これは間違いなく、暗黙の知識が「はっきりした」表現のメディアにあらわされることで明確になるケースである。記号は、関係性を重視するネットワークに織りこまれた結び目とは違って、移動することができるし、操ることもできる。そのうえ、より大きな構造体の一部にもなれる。この構造体では、記号が全体の意味にどれだけ寄与しているかによって、各部分の明確で創造的な機能——統語論的構造——が決まる。これもある点では正しいに違いないが、考えを先に進めるときは注意しなくてはならない。多くの先人たちがこの問いに答えようとして、はたと途中で間違いに気づかされるはめに陥ったからである。

わたしたち人間は、洞察力にみちた学習をすばやく行なう能力がある。学習能力は研究室で訓練を受けなくても、知識を適切にあらわした記号を理解すると同時に身につくものである。心理学者は、ネズミ、ネコ、サル、イルカなど、人間以外の動物を対象にした新しい実験手法やパラダイムを開発すると、たいてい一匹につき何十時間から何百時間もかけて新しい課題を教えなくてはならない。しかし、被験者が人間の場合は、必要なことを簡単に説明するだけでいい。わずかな質疑応答とほんの数分の練習だけで、人間はどんな動物よりも新しい環境にうまく反応できるようになるのが普通である。もちろん、テスト中に示される表象を理解していなくてはならず、このあたりでABC学習から人間タイプの学習への境界線は霧のなかにまぎれている。霧を晴らすためには、モノづくりについての格率「自分でやればわかる」がヒントになるだろう。自由浮遊的な理由をしっかりと主体につなぎとめて主体自身のものにするためには、主体がなにかを「つくる」ことが必要なのである。理由を表明するには、主体がそれを構成し、設計し、修正し、改訂し、使用し、承認しなくてはならない。主体がこんなすばらしい仕事ができるようになるには、なにがあればいいのだろうか。脳に新しい器官が発達すればいいのだろうか。あるいは、すでに習得している外界を操ることで、その能力を育てることができるのだろうか。

思考するための道具をつくる

素手ではたいした大工仕事ができないように、人間の脳だけではたいした思考はできない。

ボー・ダールボム、ラース＝エリク・ジャンラート

『コンピュータの未来』

あらゆる主体は、自分のおかれている環境を最大限に活用するという課題に直面する。環境のなかには役に立つものと害になるものが、多くのまぎらわしい手がかりとともに渾然一体となっている。正解とひっかけ、足がかりと落し穴。これら環境のなかの資源は、競って主体の注意を引こうとするため、大きな阻害要因となることが多い。したがって、主体にとって資源管理（あるいは利用）という作業は、時間の問題が重要になる種類の課題だ。無駄になにかを追い求めたり、なにかを脅威と錯覚して身構えようとしたりするのは、貴重な時間の無駄づかいである。

一六九ページの図で示したように、グレゴリー型生物は環境のなかからさまざまなデザインのものを取り入れ、それらを利用して仮説の検証や意思決定の効率と正確さを向上させようとするが、その図はそれ自体では誤解を招きやすい。脳のなかにそのようなもののための領域があるのだろうか。また、どのように脳のなかに取りこまれるのだろうか。グレゴリー型生物の脳は、他の生きものの脳よりもずっと容量が大きいのだろうか。人間の脳は、人間にもっとも近いとされている動物の脳にくらべて、多少大きくはあるが（とはいっても、イルカやクジラの脳とそれほど違わない）、その理由で人間が他の動物にくらべてより知性が高いわけではない。人間が高い知性を持っているのは、自分の認知作業を、可能なかぎり環境そのものにゆだねてしまう習慣があるためである。つまり、外界につくった一連の周辺装置に、心（いわば知的活動）を代行させてしまうのである。装置は人間の思考の変化の過程を整理し、強化し、保護しながら、意味を蓄積して処理し、再表現してくれる。広く行なわれている「ゆだねる」という習慣が、動物としての人間の脳の限界からわたしたちを解放してくれているのである。

主体は自分が現在持っている認知能力や行動能力を駆使して環境に向きあっている。環境が複雑すぎて、その能力で対処できない場合は、新しい能力を身につけるか、環境そのものを単純にするか、あるいはその両方を行なわないかぎりは困難にぶつかることになる。ほとんどの種は、自然にできた目印を頼りにして生きており、なかには外界に新たな目印を加えるコツを身につけて、それを活用しているものもいる。たとえばアリは、巣から食物までの道筋にフェロモンで目印――においの痕跡――をつける。また、縄張りをつくる生物の多くは、尿のなかの特別なにおいのする化学物質を使って、自分の領域の境界線に目印をつけている。こうして自分の領域をはっきりと示すことにより、縄張りをおかそうとする侵入者に警告できるし、自分でも便利な装置として活用できる。多大な努力をはらって資源を獲得したり開発したりした領域の境界を、他の方法で記憶する必要がなくなるのである。自分の領域に近づくとにおいでわかる。目印をつけることによって、自然界のなかで重要な境界が引かれている場所の情報を外界が蓄積できるようにし、それによって自分のかぎられた脳を別の目的のために使うことができる。まさに有能な執事のようだ。環境のなかに故意に目印をつけ、自分にとってなにがもっとも重要な目印かを識別することは、認知能力と記憶能力に対する認知的負担を軽減するすぐれた方法である。これはもっとも必要な場所に標識を設定するという、生物の進化の途上であみだされたすぐれた手法の変形であり、進歩である。

環境のなかにあるものに目印をつけることの恩恵があまりにも明白すぎて、わたしたち人間は、その理由やそれがうまく機能する条件を見逃してしまいがちである。なぜ人は目印をつけるのだろうか。目印をつけるには何が必要だろう。たとえば、数千個の靴の箱があって、そのなかの一つに入っている家の鍵を探しているとしよう。あなたがよほど愚かか、一番いい方法を考える余裕もないほどあわてているのでないかぎり、この問題を解決するためには、環境を利用して簡単な工夫をするだろう。とくに、同じ箱を何度も開けるような時間の無駄を避けるはずだ。まず、まだ開けていない箱が積んである山から、開けてなかを確認した箱の山へ箱を一つずつ移動する方法がある。もう一つの方法は、開けてなかを確認した箱に印をつけ、印がついている箱は二度と開けないというルールを守ることだ。どうやら目印のほうが効率がよさそうだ。目印をつけることにより状況をもっと単純にすることができる。記憶と認知という困難な、おそらくは不可能な作業のかわりに、もっと単純な認知作業ですむのである。もし箱が一列に並んでいれば、開けたものと開けてないものを仕分けする必要はないし、箱に印をつける必要もない。箱が一列に並んでいるという、自然が提供してくれた単純な目印を使って、左から右に移動しながら箱のなかを確認すればよい。

今度は目印そのものについて考えてみよう。目印はなんでもいいだろうか。もちろん、そんなはずはない。「なかを見たら箱に小さな点をつけておこう」、「なかを確認したら箱の隅をへこませておこう」、こんな方法は賢くない。なんらかの原因で、似たような印が箱についてしまわないともかぎらないからだ。はっきりと見分けがつき、目印をつけた効果が確実にあらわれるものでなくてはならない。他の原因でついたキズと同じように見える目印ではだめなのだ。もちろん、覚えやすいものという条件も不可欠で、目印らしいものがついていたとき、それが目印として自分でつけたものなのか、あるいは自分でつけたとしても、どういうつもりでつけたのかがわからなくなって混乱することがないような目印でなくてはならない。指に糸を巻きつけた場合も、あとでその糸が目にとまったときに（これによって、環境にゆだねた自己制御の目印としての機能をはたすことになる）、なぜそうしたのかを思い出せなくてはなんの役にも立たない。このように、外界にわざと簡単な目印をつけることは、書くという作業の原始的な先駆であり、情報蓄積専用の周辺システムを外界につくりだす第一歩である。この画期的な方法は、体系的な言語による目印でなくても成り立つことに注目していただきたい。必要なときにきちんとその意味を思い出せるなら、いかに間に合わせの目印でも有効なのである。

生物界では、どの種がそのような方法を発見したのだろうか。最近の実験の結果からは、断定はできないにしても、なにがしかの答えは見出せる。多くの特定の場所に植物の種子を隠す習性のある鳥は、時間がたってからでも驚くほどうまく、秘密の隠し場所から植物の種子を見つけだすことができる。たとえば、生物学者のラッセル・バルダらはホシガラスを使って、閉鎖的な実験室という環境のなかで実験を試みている。広い実験室では、汚れた床か、砂のつまったたくさん穴があいている床に、さまざまな目印をほどこしてある。ホシガラスに種子を与えると、十カ所以上の場所に隠すが、数日後に戻ってきて種子を見つけだす。ホシガラスはたくさんある目印を利用するのが非常にうまく、実験者が目印のいくつかを動かしたり取りのぞいたりしても、ほとんどの隠し場所を見つけることができる。しかし、実験室のなかでは何度も失敗した。そのほとんどは自己を制御できないことが原因のようである。自然界のなかでは、穴を何度もほじくって時間とエネルギーを無駄にするのである。一度ほじくった数千カ所もの隠し場所をつくり、半年以上にわたってその場所を訪れるから、何度無駄に戻ったかを記録することはほぼ不可能である。そうなると、自分の隠し場所に戻ることはカラスにとっても負担は大きいと分かっていながらなさざるを得ない行動であると考えるのがもっともだし、だから、やはりものを隠す習性のあるアメリカコガラのような鳥にそのような無駄を避ける能力のある個体がいるのも納得できる。

自然界では、ホシガラスは隠した種子をほじくりだして食べ、食べがらを残しておいて、次にそこを訪れたときには、その「靴の箱」はすでに開けてしまっていることを思い出せるようにしていると考えられている。バルダらはある実験を計画し、ホシガラスが目印を頼りにして、同じ隠し場所を再び訪れる愚かさを回避するという仮説を検証しようとした。実験では、あるときはホシガラスが食い散らかしたあとをきれいにかたづけ、あるときにはそのままにしておいた。しかし、この実験室のセットのなかでは、食べ散らかしたあとをそのままにしておいても、ホシガラスの行動はあまりぱっとしなかった。したがって、ホシガラスが食べ散らかしたあとを目印にしていることは証明されていない。バルダが述べているように、おそらく自然界では、食べ散らかしたあとはすぐに風や雨でかき消されてしまうため、目印にはできないだろう。バルダはまた、これまでの実験からは結論は引きだせないと述べている。つまり、実験室のなかでホシガラスが失敗をおかしたところで、餌を与えられる鳥にとってはほんの数秒が無駄になるだけのことだから、その損失は微々たるものなのである。

また、実験室に入れられたことで、ホシガラスが持てる能力を発揮できない状態になってしまうことも考えられる。ホシガラスが日常的に自己制御機能の一部を環境にゆだねているのなら、自然のなかにはあるが実験室にはない目印に頼っている可能性があるからだ。一般的に観察されていることだが(例外がないわけではない)、自宅から病院に移された老人は、基本的な身体の欲求が十分にみたされているにもかかわらず、すっかり能力が衰えてしまう。往々にして合理的な判断力を失い、自分で食事をしたり、着替えたり、身体を清潔にしたりすることができなくなり、ましてやなにかに興味を持って活動することなどまったく不可能になるようだ。ところが、いったん自宅に戻ると、自分のことはきちんと自分でできるようになることが多い。

なぜこんなことが起こるのだろうか。老人は長年にわたって、自宅という環境のなかに日常の行動をうながしてくれる目印を刻みつけており、それによってなにをしなければならないか、どこに食物があるのか、どのように服を着るのか、どこに電話があるのかなどを思い出しているのである。したがって、まったく基本的なことであっても、新しい学習だと徐々に脳が受けつけなくなってくる老人でも、いたるところに目印がつけてある環境でなら、自分で自分のことは処理できるのだ。老人を自宅の外に連れだすことは、老人をその知的能力から切り離すに等しく、脳手術を受けさせるのと同じくらい破壊的な行為なのである。

他の行動の副産物として、無意識のうちに目印をつけている鳥も、おそらくいるだろう。人間もおかれている環境のなかに、無意識のうちに設定されている多くの目印に頼っているはずである。わたしたちは身につけた習慣について、なんとなく自分のためになると思いながらも、なぜそれが役立つのかはとりたてて考えようとしない。

たとえば、二桁以上の数字の掛け算をする場合を考えてみよう。217×436はいくつになるだろうか。離れわざをやってのけようというのなら別だが、そうでなければ鉛筆と紙を使わずに答えを出そうとは誰も思わない。紙のうえの印は途中の計算結果を確実に記録するものだが、もう一つ機能がある。個々の数字や記号は、計算する者の目と指先がそこにいったときに、自分の覚えた計算規則を用いて、次になにをすればいいかを指示する目印になっているのである（もし二番目の機能について疑うなら、実際に一つ一つの計算の答えをいつものように桁をそろえて並べずに、別々の紙に書きだして計算してみるといい）。人間のようなグレゴリー型生物は、文字どおり何千もの同じような有益な技術の恩恵を受けている。その技術は、有史あるいは有史以前に発明され、遺伝ではなく文化的な遺産として引き継がれてきたものである。わたしたちはこのような文化遺産のおかげで、心を外界に広める方法を発見し、天与のすばらしい検索能力やパターン認識能力を思う存分生かすことができるのである。

世界にそのような変化をもたらすために、記憶力だけに頼る必要はない。主体は特別な材料を用意することによって、最低のレベルでは無意識のうちに、ふだんは眠ったままの認知能力を生かすこともできる。ロボット工学者のフィリップ・ゴーシアは九四年に、小さなロボットを使ってその可能性をあざやかに実証してみせた。自分の外界の環境を変化させ、次に自分でつくった新しい環境によって自分自身の行動パターンを変化させるロボットである。このロボットはブライテンバーグの車の原理を実際に応用したもので、製作者のロボット工学者フランチェスコ・モンダーダはケペラス（イタリア語で「コガネムシ」の意）と呼んでいる。ケペラスはホッケーのパックより小さいサイズで、二つの小さな固定された車輪と一個のキャスター式の車輪でテー

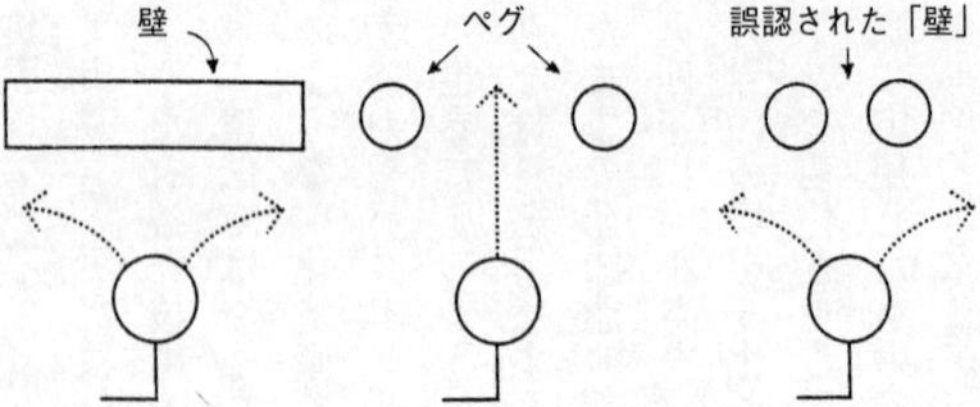

ケペラス・ロボットの動き

ブルの上を動きまわる。また、きわめて原始的な視覚システム——わずか二、三個の光電セル——を持っている。この視覚システムは車輪と接続されており、車輪はシステムからの信号によって周囲の壁にぶつからないようにして動く。したがって、このロボットには視覚システムを使って壁との衝突を避けるシステムが本来的に備わっていると言えるだろう。「ペグ」と呼ばれる小さな筒状の木片をテーブルの上にのせておくと、ロボットは視覚システムを使って、その軽い障害物を避けようとする、そのときロボットのうしろに付いたワイヤーフックにペグが引っかかる。ロボットはテーブルの上をあちこち勝手に動きまわって意図せずにペグを引っかけるが、フックの付いている方向に急カーブを切るときには、運んでいたペグを置き去りにする(上の図を参照)。この動きをくりかえすうちに、ロボットはテーブルの上でペグを再配置することになり、二個以上のペグがくっついてかたまりをつくると、ロボットはそれを壁と「誤認」して避けようとする。「中央本部」からの命令もなしに、ロボットはたちまちのうちにテーブル上に散らばったすべてのペグを整列させ、自分の環境に壁をつくりあげる。このケペラス・ロボットははじめはふぞろいだった環境を壁をめぐらせた迷路のようにつくりかえ、次に迷路を使って自分の行動パターンを形成する。つまり、壁に沿って動きまわるようになるのである。

これは単純なケースだが、ここから図を描いたりモデルをつくったりといった高度な手法が想像できる。いったいなぜ、わたしたちは黒板（や初期人類のころには洞穴の壁）にとがった棒で図を描くのだろうか。情報を別の形式で表現しなおすことによって、ある特別な目的を持った知覚能力に対して情報を提示するためである。ポパー型生物、そして、その一種であるグレゴリー型生物が生きている環境は、おおまかに「外的」と「内的」の二つに分けられる。なにが「内的」環境を構成する要素であるか否かは、主体の皮膚のどちら側にあるかということによって決まるのではない（スキナーが述べているように「皮膚は境界線としてそれほど重要ではない」）。それはむしろ、可搬的であるか、そしてそれゆえ遍在的であるか、それゆえ制御しやすいか、よりよく知られているか、そして、主体にとって役に立つように設計されることが多いか、というような基準によって区別される（第二章で見たように、紙のうえに書かれた買物リストは、脳のなかに記憶された買物リストとまったく同じ仕組みで意味を持つ)。「外的」環境はさまざまに変化するため、追跡しにくく、物理的な位置関係として、ほとんどの場合、生物の外側にある(違いを場所で区別することの限界がもっともよくあらわれているのは、外界からの悪しき侵入者である抗原と、内側から忠実に身体を守る抗体の場合である。どちらも人間の体内に住む微小主体の群れのなかで、味方の軍勢に参加したり、また無関係で傍観者的な生物の群れに参加したりする。味方の軍勢に参加するのは、たとえば、腸内のバクテリアの場合であり、その働きがなければ人間は死んでしまう)。ポパー型生物が持つ世界についての可搬的な知識は、ノウハウとでもいうべき、自分という遍在する部分に関するそこそこの知識も含まなければならない。すなわち、ポパー型生物は、もちろん、どの手足が自分のものであるかを知らなければならないし、どの口からものを食べるかも知らなければならない。同時に、自分の脳の働きについても、ある程度は知っていなければならない。どうやってそれを知るのだろうか。便利だとわかったならば目印をつけるというあの古くからの方法によってである。

活動の主体が時間的な制約のなかで処理しなくてはならない資源のなかには、主体自身の神経系の資源がある。この自己認識そのものも、はっきりと表現する必要はない。思考しない生きものの知恵がはっきりと表現される必要がないのと同じことである。それは、たんに埋めこまれたノウハウにすぎないかもしれないが、あの奇妙に御しやすく、比較的うつろうことの少ない外界の部分を操作するための重要なノウハウである。

人間はこのような内部資源の精製プロセスを用いて生活を単純にして、自分が活用できる能力を使ってより上手に、より速く――時間はつねに貴重である――なにかをしようとする。くりかえしていうが、自己制御のための道具として内的な目印をつくっても、それが「心の目にとまった」ときに、その目印をつくった理由が思い出せなければ、意味がない。目印、ラベル、記号など、人の記憶を呼びおこすための仕組みが扱いやすいかどうかは、その人間に本来備わっている追跡や再識別の能力がどれほどしっかりしているかによる。人間はこの能力によってさまざまな道具の使い方を考えつく。生まれつき持っている資源管理の技術は、内的なものと外的なものの別を問わない。わたしたちのようなグレゴリー型生物の場合には、（外的でも、内的でも）世界における特徴やものごとの表現は、それ自身が目的になる。そのようなものを操作し、検索し、移動し、貯蔵し、整理し、研究し、組み替えし、あるいは調整し、利用するのである。

評論家のスーザン・ソンタグは著書『写真論』（七七年）のなかで、高速度撮影の登場は科学にとって画期的な技術上の進歩だったと述べている。ソンタグによれば、高速度撮影によって、人間ははじめて複雑な一瞬の現象をリアルタイムではなく、自分の好きなときにじっくりと細部にわたって検証できるようになったからである。第三章で述べたように、人間の脳は特定の速度で発生した事象の変化にしか対処できない。人間が識別できる速度よりすみやかに発生したり、逆に遅く発生したりする事象は、人間の目には見えない。しかし、写真の技術が登場したことによって、外界の事象を人間固有の感覚に合わせた形式や速度で再表現できるようになり、人間の認知能力は大幅に向上したのである。

カメラと高感度フィルムが登場する前にも、数多くの観察用具や記録用具があり、それによって科学者は外界からデータを正確に抽出し、あとで分析を加えることができた。数世紀にわたって科学の分野で描かれた精密な図や絵は、それらの道具の性能の高さを物語っているが、カメラにはそれとはちょっと違うところがある。それは「愚直」ということである。芸術家や画家とは違って、カメラは対象を「捕らえ」、写真としてデータを提供するときに、その対象を理解する必要がないのだ。したがって、現象を分析して理解できる者に対してカメラが示すのは、手を加えず、汚さず、偏らず、静的に再現した現実である。カメラの持っているこの機能、すなわちなにも考えずに複雑なデータを、より単純で、より自然で、より扱いやすい形式に変換させる能力は、知性の進歩を保証するものである。

しかしカメラと、カメラから生み出される膨大な数の写真の登場とともに生じたのは、資源管理という問題だった。つまり写真そのものを分類する必要が生じてきたのである。オフィスにある数千枚の写真のうち、どれが自分にとって興味のある出来事を写したものかを思い出せなければ、出来事を写真におさめる意味はほとんどない。この自分の必要なものを検索する「マッチングの問題」は、これまで見てきたように、より単純で、より直接的な追跡の場合には生じないが、問題解決のためになんらかの負担は覚悟しなければならない。直接的には追跡できない重要な事柄を間接的に検索できる場合は、その負担も引きあうことがある。

たとえば、多発した出来事の発生場所を、地図にカラーピンを刺して示すという賢いわざを考えてみよう。伝染病の発生場所をすべて地図のうえに記してみると、その並び方が、これまで気づかなかった、あるいは地図に記載されていないなにかに一致することがある。それが給水本管や下水道、郵便配達人のルートであることがわかれば、発生源を突きとめることができるかもしれない。連続殺人犯の秘密の隠れ家は、往々にして事件の発生現場の地理的な中心点を見つけることで発見できる。ハンターが獲物を追いつめる方法から、現代警察による捜査方法、詩の批評家や物理学者の探求方法まで、あらゆる種類の人間の探求活動が飛躍的に向上したのは、おもに再表現のテクニックが格段の成長をとげたからである。

人間は「目印」や「索引」を脳のなかに保管し、実際のデータはできるだけ外界にあずけてしまう。住所録から図書館、ノート、コンピュータ、そして友人の輪まで、あらゆるものが利用される。人間の心は脳に限定されていない。それどころか、万一、外的な記憶の道具を奪われてしまったら、いちじるしく能力が失われるだろう。少なくとも、眼鏡を取り上げられた近視の人と同じくらいの障害を感じるだろう。データや道具を外界にゆだねてしまえばしまうほど、ますますその周辺的な道具に頼らざるを得なくなるのである。しかし、練習を重ねて、道具がうまく使えるようになれば、人間は道具がなくてもやっていける自信を持つようになる。問題を頭のなかに吸収して、外的な道具を駆使することで鍛えられた想像力で、問題を解決できるようになるからである。

再表現のための新しい技術をどんどん生み出すのは、人間だけが身につけた習慣である。また、人間には新しい問題を解決するために、わざと古い方法に照らし合わせる習慣もある。たとえば、時間について考えるための方法の多くは、空間について考えることによって生み出された（ジェインズ『神々の沈黙——意識の誕生と文明の興亡』七六年）。過去と現在と未来、事前と事後、「間もなく」と「あとで」といった目には見えない時間の概念を、左と右、上と下、右まわりと左まわりに描くなど、さまざまな方法で図にあらわしている。たいていの人にとって、月曜日は火曜日の左に位置しているし、（人間の文化から消えゆく貴重な伝統だが）四時という時刻は毎日、午前も午後も、三時のななめ下に存在する。

時間を空間で表現する人間の習慣は、それにとどまらない。科学ではグラフの利用にまでおよび、いまやグラフは読み書きできる人間にとっては当たり前の視覚表現になっている（利潤、温度、ステレオの音量などは、時間の経過とともに左右や上下に動いて表示される）。空間という概念を使って、時間の経過を「目で見る」のである。こうした例が示すように、図表を想像してみるよう求められて、それができること自体が、グレゴリー型生物の貴重な能力である。人間が図を想像することができるのは、その図を描いて観察し、一時的にそれらを外界にゆだねる能力を持つからである。

人間はこうして鍛えられた想像力のおかげで、ふだんは気づかないはかり知れぬ抽象的な可能性を、系統立ててあらわすことができる。たとえば、第四章の最後で論じた幸運のコイン、エイミーの場合がそうである。本物のエイミーと、それにそっくりな銅貨の山のなかのたった一つの銅貨とを結ぶ目に見えない線を想像できなくてはならない。「心の目」のなかに、その線を描くことが必要なのである。

内的なものであれ外的なものであれ、そのような視覚的な助けがなければ、わたしたちには抽象的な観察を理解することはできない。ましてやそれを生み出したりするのは難しいだろう（すると、生まれつき目が見えない人は、そのような抽象的な議論には参加できないということになるのだろうか。そんなことはない。目が見えない人も見える人と同じように、独自の想像力を身につけて、空間で移動するものを追いかけることができる。しかし、目の見えない人や耳の聞こえない人とそうでない人の抽象的思考方法に違いがあるとしたら、それがどんな違いかという疑問は興味深い）。人間は思考の道具を持っているために、自分の思考方法が唯一のものではないこと、ことに外界とうまくかかわりあうための必要条件ではないことを忘れがちである。

イヌやイルカやコウモリは、一見すると知的な能力を持っているように見えるため、多少なりとも人間と同じような思考力を持っていて当然のように思えるが、考えてみるとそれは少しも当然ではない。人間以外の生きものに関する存在論と認識論について、進化の観点から人類が問いつづけてきた疑問はまだ解明されておらず、もし解明されたとしたら、それは驚くべき内容になるだろう。わたしたちは疑問を解明する第一歩を踏みだしたところにすぎない。これまで見逃していた検証すべき可能性をいくつか見ただけなのである。

わたしたち人間は知的活動を身につける途上で、文化遺産からさまざまな思考の道具を獲得するが、なかでも重要なのは、いうまでもなく言葉である。はじめは話すための言葉、そして書くための言葉である。言葉が人間の認識作業をより容易にし、人間をより知的にするのは、合図や目印によって単純な生きものが外界で動きまわりやすくなるのと同じことである。多次元的で抽象的な思考の世界を進んでいくには、移動可能な覚えやすい目印を大量にたくわえていなければ不可能である。そして、その目印は共有され、批判され、記録され、さまざまな角度から見ることが可能でなくてはならない。注目すべきことは、話すことと書くことは、数万年（あるいは数百万年）もの年月によって分断されていたまったく別の発明であり、それぞれ独自の力を持っているということである。わたしたちは、とくに脳や心について理論化するとき、話すことと書くことの二つの現象を一緒にして論じてしまう傾向がある。認識作業の媒体としての「思考語」が持つ可能性について書かれた論文のほとんどは、思考のための「書き言葉」――数年前にわたしが「脳によって書く行為、心によって読む行為」と呼んだもの――を前提にしている。しかし、そうではなく、思考のための「話し言葉」、人間の誰もが知っている自然な言語の所産が、なぜ、どのように役立つのかに焦点を当てることによって、言語の登場が人間の認識能力をいかに高めたかについて、より深い洞察を得ることができるだろう。

自分に向かって話しかける

訓練されていない子どもの心が知性を持つためには、しつけと導きが必要である。

アラン・チューリング

人間の脳の進化の歴史で、言葉の発明ほど人を高めた、飛躍的で重要な段階はない。人類は、言葉の発明の恩恵に浴するようになったとき、未来を考え、過去をふりかえる能力を身につけたという点で、他のどの生きものよりも飛躍的に前進することになった。人類について言えることは、個人にも当てはまる。言葉を「学習する」ことほど、個人の生涯のなかで画期的な転換期はない。この「学習」という言葉は、引用符のなかに入れなければならない。(言語学者や心理言語学者の研究のおかげで)人間の子どもには多くの面で、言葉を使う能力が遺伝的に備わっていることがわかっているからである。現代言語学の先駆者であるノーム・チョムスキーは、(許容される程度まで誇張して）鳥は飛ぶことを学ぶ必要はないし、幼児は言葉を学習する必要はないとよく言っている。

言語を使う生きもの（あるいは羽根を使う生きもの）をつくりあげるという困難な作業の大半は、気が遠くなるほど昔に完成し、いまではその仕事は生まれつきの能力や性質として子どもに与えられ、子どもは住んでいる場所で話されている言葉の語彙と文法の条件にただちに適合するようになっている。子どもは驚くほどの速さで言葉を習得する。平均して毎日一ダースの新しい単語を覚え、これを数年にわたってつづけ、青年期になってようやく学習速度はゆるやかになる。学校に入る前に、文法のもっとも細かいところまでほとんど覚えてしまうのだ。また、家族（あるいはペット）と言葉を交わすほかにも、毎日何時間も自分自身に向かって音声を発する。最初はバブバブというだけだが、しだいにいろいろな調子の声で、すかしたり、なだめたり、説明したり、丸めこむようにしたりして、単語や意味のない音節をごちゃまぜに話すようになり、ついにはきちんとした言葉で言いたいことを表現できるようになる。

子どもはよく、独りごとを口にする。独りごとは子どもの心にとってどんな働きをしているのだろうか。わたしにはまだ答えられないが、今後の研究の手がかりになりそうな考えは持っている。子どもの言語生活の初期にどんなことが起こるのかを考えてみよう。母親は「熱いわよ！」「ストーブにさわっちゃだめ！」などと言う。この段階では、子どもは「熱い」「さわる」「ストーブ」という単語の意味がわからなくてもいい。基本的に、こうした単語は子どもにとって、なにがしかの含みと、なにがしかの親しみやすさと、なにがしかの記憶に残るものを持った音声であり、聴覚上の出来事でしかない。次にこれらの単語は、子どもにとって、状況を呼び出す。つまり、「ストーブ・接近・回避」というある型の状況である。この状況はたんに禁止をあらわす言葉が音として聞こえてくる状況にとどまらず、同時に聞こえたことを口で真似するという状況でもある。ごく単純に言えば、子どもは「熱いわよ！」「さわっちゃだめ！」という言葉を、あまり意味を考えずに自分に向かって（声に出して）言うという習慣を獲得するのである。「ストーブに近づくがさわらない」という行為を連想させる単語として、いわば呪文のようにいつでも口から出てくる言葉として、音に出すだけである。そして子どもは、聞こえたばかりの言葉をおうむがえしにくりかえすという習慣を身につける。状況に合っていても合っていなくても、その言葉をくりかえすうちに、耳に聞こえる音の特性や、それと同時に自分の感覚のなかに起こる特性、身体の内部の状態などとのあいだにある結びつきや関連性がわかるようになるのだ。

以上が、子どもの内部で起こっていると思われるプロセスのおおまかなスケッチである。このプロセスによって、子どもは「半ば理解したことに基づく自己解説」ともいうべき習慣を身につけていくのではないだろうか。親から注意されることで何度も喚起される音の連想にうながされて、子どもは自分の行動に音をつける習慣、すなわち「解説する」という習慣を身につける。実際に発する言葉は、はじめはなぐり書きのようなもので、言葉もどきの音からなる意味のない言葉である。感情はこもっているが、ほとんど意味はわかっていない単語と、理解している単語がごちゃまぜになっている。そのころは、警告らしいもの、禁止らしいもの、称賛らしいもの、説明らしいものでしかないが、いずれ本当の警告、禁止、称賛、説明をあらわす言葉に発展していく。しかし、「目印」をつける習慣は、子どもが本当に目印の意味を理解する前に、あるいは部分的にしか理解できないうちに、子どもの認識能力においてしかるべき位置を得るのだろう。

この習慣は、はじめのうちは状況が適切か不適切かに無関係に、たんに目印を音として発するという「理解力のない」習慣にすぎないが、まもなく自分自身の状況や行為を新しい方法で自分に向かって表現するという習慣に変わっていくのではないか。音とそれを発したプロセス、音とそれに一致する行動のパターンとを連想するようになると、記憶のなかにはっきりとした結び目がつくられる。たとえ意味がわからなくても、言葉になじんでいく。この親しみが根づくことによって、子どもの脳の記憶体系のなかで、目印に独自の意味が付加されるようになる。独自の意味がなければ、目印は子どもの目にうつらない。ある言葉が脳の資源の精製プロセスのなかで、有益かつ使用可能な目印として機能するには、すでに脳の記憶システムのなかにある程度まで組み込まれた連想を、さらに高める機能をはたさなければならない。それ以上に、言葉の意味は恣意的に決められるものであり、恣意性は言葉の特徴の一つである。すなわち、目印を見落とす危険性はほとんどない。靴箱の隅のくぼみのように、目印が周辺にとけこむことはない。目印はそれがつくられた意図をはっきりと示しているのである。

「半ば理解したことに基づく自己解説」の習慣は、言葉（たわいのない言葉や、ひとりよがりの造語も含む）に特定の意味を持たせる印づけの習慣の原点であり、ひいてはそれが、より効率的な習慣になっていく。つまり、音による連想をほとんどやめ、他の連想を使って意味を固定していくというのがわたしの考えである。そうすることで、子どもは口から音を出さなくても、自分の行為の特徴をあらわす目印として、音に出さない自分だけの言葉をつくることができるのではないだろうか。

わたしたちは言葉を「発見したもの」と見なし（たとえ、それが誰かの口から出るのを聞いたものではなく、無意識のうちに自分でつくった場合でも）、あとでもう一度考えてみるためにとりのけておく。こんなことができるのは、人間がある言葉につけた目印を別の機会に再確認したり、認識したりする能力を持っているからであり、さらにそれは、記憶を助ける特徴を持つ目印があるからだ。目印をつくり、体験した状況にその目印をつける習慣を身につけ、さらに新しい種類の対象をつくりあげると、それ自体がパターン認識や連想などの対象になる。科学者が実験中に夢中で撮影した写真をあとからじっくり検証するように、わたしたちは記憶のなかからすくいあげた目印付きのさまざまな証拠物件のなかに、認識すべきパターンを検証することができるのである。

わたしたちの能力が向上するにつれ、目印はより洗練されて鮮明になり、ついには魔法のような能力に近づく。そうなると、目印が表現しているものを「ちょっと考える」だけで、その目印から読みとるべき情報がすべて記憶によみがえるようになる。こうして人間は、自分がつくった目印の「理解者」となる。このような記憶のなかにある人工的につくられた結び目、音として耳に届いた言葉のかすかな影を、「概念」と呼んでいいだろう。概念は内的な目印で、それが持つ数多くの連想のなかに、ある言葉（一般的なものであれ個人的なものであれ）の音の特性を含んでいたり、含んでいなかったりする。しかし、言葉は概念の原型、概念の祖先だとわたしは思う。したがって、人間が最初に操ることができる概念は「音声化した」概念であり、操れる概念だけが人間にとって精査の対象になり得るのではないだろうか。

プラトンは『テアイテトス』のなかで、人間の記憶力を数羽の鳥が入った大きな鳥かごにたとえている。

ソクラテス：知識は所有できるものかどうかを考えてみよう。数羽の鳥をつかまえて――鳩でもなんでもいいが――家にある大きな鳥かごのなかで飼う者は、鳥を所有しているだろうか。ある意味では、「持っている」のだから「所有している」と言えるのではないかな。

テアイテトス：その通りです。

ソクラテス：しかし、別の意味では「持って」いないことになる。鳥は鳥かごのなかで飛び回っているのだから。人間は気に入った鳥をいつでも好きなときに捕まえることで、鳥を自分のものにしたり、再び放してやることもできる。何度でも、好きなだけそうすることができるのだ。（一九七c―d）

問題は、必要なときに必要な鳥を自分のところに来させられるかどうかである。どうしたら、それができるだろう。科学技術を使うのである。人間は記憶を助ける精巧な連想システムを構築することができる。たえまなく記憶を復唱し、考えをめぐらせて脳（そして連想づけられた周辺装置）を巨大な能力のネットワークに変えることで、自分の持つ資源に磨きをかける。他の動物にそれに近いことができるという証拠は、いまのところ見つかっていない。

6　わたしたちの心、そしてさまざまな心

「どうして」と「なぜなら」の意味を覚えたとき、子どもは一人前の人間の仲間入りをはたす。

エレイン・モーガン『子宮の中のエイリアン』

わたしたちの意識と彼らの心

一つ一つの部品からどのようにして心ができたのか、そしてどれほど心が各部品に依存しているのかを理解するならば、心の神秘性は減じて見える。紙も鉛筆も持たず、話もせず、メモを見たりスケッチをしたりすることもない裸の心などというものは、わたしたちはまだ見たことがない。これまでにわたしたちが見たことがある心、とくに「内側から」見る自分の心は、自然選択の産物であるばかりでなく、文化によって多くの部分を再設計されてできあがったものでもある。どんな部品でどのようにしてできたのかを知らなければ、心が神秘的に見えても不思議はない。部品はどれも、自然による長い設計の歴史を経てつくられたものだからである。なかには、十億年以上

かかったものもある。

考える力を持つ生きものがまだこの世に存在しなかったころには、未熟で思考力のない志向性、すなわち追跡と識別だけはするが、自分がなんのために、なにをしているかはまったく理解しない装置を備えた生きものがいた。しかし、その装置はよく機能した。ものを追跡してその動きに確実に反応し、多くの場合は標的を逃さない。軌道をそれることはめったになく、万一それたとしても、すぐにまた元の課題に戻ることができた。非常に長いあいだ、このような装置の設計も、なにかを追いかけていたと言える。それは、捕まえにくい配偶者や獲物といったものではなく、もっと抽象的なもの、すなわち、みずからの機能についての自由浮遊的な根拠である。環境が変わるにつれて、装置の設計も新しい条件に合わせて変化していったが、装置の持ち主が理由を背負いこむことなく、それでいてつねに装置を固めていられた。このような生きものは獲物を追うが、追っているとは考えていなかったし、逃げていても逃げているとは思っていなかった。ただ、必要な「ノウハウ」は身につけていた。ノウハウとは、ある種の知恵であり、有用な情報でもあるが、表象された知識ではない。

やがて、ある種の生きものが、自分の環境のもっとも制御しやすい部分に手を入れはじめ、内と外の両方に目印をつけ、外界や自分の脳の別の場所に問題をゆだねるようになった。さらに、表象をつくりだしたり利用したりするようになったが、相変わらず、自分ではそうしていることを知らなかった。いや、知る必要がなかったのである。さて、このように無意識に表象を利用することを「思考」と呼ぶべきだろうか。もしそうだとすれば、この生きものは、考えてはいるが、自分が考えていることを知らないと言わざるを得ない。無意識の思考とでも言えるだろうか。「パラドックス的」な表現の趣味のある人々は、こうした言い方を好むかもしれないが、ここでは誤解のないように別の言い方をしたい。すなわち、それは知的であるが、思考のない行動である。なぜなら、そのような行動は、反射的ではないが、同時に反省的でもないからである。

　わたしたち人間も、思考なしに知的な仕事をすることがよくある。無意識に歯を磨いたり、靴紐を結んだり、車を運転したりするし、質問に無意識に答えることさえある。しかし、人間のこのような行動は、他の生きものの場合とはちがう。なぜならば、他の生きものにはできない方法で、知的であるが思考のない行動について考えられるからである。たしかに、車の運転を思い浮かべればわかるように、人間は、はっきりと意識的な長い改良過程を経たあとで、はじめて無意識に行動するようになる。では、どうしてそのようなことができるのだろうか。人間が言葉を身につけたときに、脳に組み込んだ改良箇所のおかげで、自分の行動を再観察、再考、再設計することができるようになった。これは、脳をいわば反響室として利用するようになったからである。つまり、この反響室のなかでは、そこでなければすぐに消えてしまうような現象が、その辺をうろつき、そこにとどまって一つの対象としてまとまりを持つようになるのである。このように、最大限持続し、持続するかぎり影響力を得るものを、わたしたちは意識的な思考と呼ぶ。

心的内容が意識されるのは、それが脳の特別な部位に入るからでもなければ特別な力を持つ不思議なメディアに変換されるからでもなく、他の思考との競争に勝って行動を制御する権利を獲得し、長期的な影響をおよぼせるようになるからである。誤解を招く表現かもしれないが、「記憶にとどめる」からだとも言える。わたしたちは話すことができるので、そして自分に向かって話すことはもっとも影響力のある活動の一つなので、思考が影響力を持つためには、制御システムのなかの言語を使用する部分を操れる位置に入ることがもっとも効果的な方法である。

人間の意識についてこのように提案すると当惑するのが率直な反応だろう。そして、こんなふうに反問する。「その耳慣れない競争のプロセスがわたしの頭のなかで起こっているとしよう。そして、あなたの言うとおり、意識的プロセスとはたんに競争を勝ち抜いたプロセスであるとしてみよう。しかし、どうしてそのことによってそのプロセスが意識的になるのか。わたしがそのプロセスについて知っているということにさせるのは、頭のなかのどのような出来事なのだろうか。というのも、結局、説明をする必要があるのは、このわたしの意識であり、そのことをわたしは一人称の観点から意識しているからだ」。このような疑問は、背後にある深い混乱を示している。なぜなら、その疑問は、あなたであるものが脳と身体の活動だけでなく、別のなにか、すなわち、デカルトの「レス・コギタンス（考えるもの）」のようなものであるということを前提としているからである。しかし、あなたであるものは、あなたの身体が発達させてきた多くの能力がたがいに競う活動を組織化したものにほかならない。あなたは、自分の身体のなかでこのようなことが起こっていることを「自動的」に知っているし、知らなければ、それはあなたの身体ではないことになってしまうだろう（誰かの手袋を自分のものと間違えて持っていってしまうことはあり得る。しかし、契約書にサインするときに、自分の手と間違って他人の手を使うことはできないし、自分のものと間違えて他人の悲しみや恐れを克服することもできない）。

あなたが行動や出来事、またその理由について説明できるのは、自分でそれをつくり、それが自分をつくっているからである。あなたであるものとは、あなたの生活について説明できる活動の主体である。あなたは、わたしたちに向かっても、自分に向かっても説明できる。わたしたちはごく幼いころからかなりの空想をまじえて、自己描写をしはじめる（たとえば、小屋の屋根に座って「ぼくは、第一次世界大戦に参戦した名パイロットだぞ」と考える漫画のスヌーピーを想像してみよう）。そして、それは一生つづく（ジャン＝ポール・サルトルが『存在と無』のなかで「悪い信念」について論じたとき、引きあいにだしたカフェのウエイターは、いかにしてウエイターにふさわしい自己描写をするかということばかりを考えていた）。それこそがわたしたちがしていることであり、わたしたち自身なのである。

人間以外の生きものの心は、人間の心と本当にそんなに違うのだろうか。簡単な実験として、いままで間違っても想像したことがないようなことを想像してほしい。たとえば白衣を着た人が赤いプラスチックのバケツを口にくわえて、ロープを登っているという状況を、ある程度細かいところまでよく想像していただきたい。あなたにとっては簡単な作業だったはずである。では、チンパンジーに同じことができるだろうか。わたしはそうは思わない。わたしが選んだのは、「人」「ロープ」「登る」「バケツ」「口」など、研究用のチンパンジーにとっては知覚の面でも行動するうえでも馴染みのあるものばかりである。チンパンジーはそれを知覚するだけでなく、人間やロープやバケツなどとして理解することができる。ごくかぎられた意味でなら、チンパンジーにも人間やロープやバケツの概念があるだろう（しかし、おそらくロブスターや五行戯詩、弁護士といった概念はないと思う）。

わたしが知りたいのは、チンパンジーはその概念を使って一体なにができるのかということである。第一次世界大戦当時、ドイツの心理学者ヴォルフガング・ケーラーは、チンパンジーが自分で考えて解決できる問題はどのようなものかを調べるため、ある有名な実験を行なった。手が届かないほど高い天井にバナナが吊るしてある。チンパンジーはそれを手に入れるために、檻のなかにある箱を積みあげる方法を思いつくだろうか。それとも、二本の棒をつなぎあわせ、バナナをつついて落とす方法を思いつくであろうか。通俗的なお話では、ケーラーのチンパンジーはこれらの解決法を考えついたとされている。しかし、チンパンジーたちの実際の行動はあまり印象的なものではない。何度も失敗をくりかえしたのちようやく解決できたチンパンジーもいたことはいたが、ついにその光明を発見できなかったチンパンジーもいた。現代でも行なわれているさらに巧妙な研究も含め、いまだに、チンパンジーがすべての手がかりを与えられたときに、なにを考えつくかという一見単純な疑問について結着はついていない。しかし、ここでは、ケーラーの実験が答えを与えたとされている疑問にたしかに解答を与えたと想定してみよう。チンパンジーは、問題解決のための要素がすべて目に見えて、手近にあり、試行錯誤的操作ができる状態にあるならば、たしかにこの手の単純な課題に対する解決を発見できるということが明らかになったとしてみよう。

しかし、わたしの提起する問題はこれとは異なっている。これらの要素がチンパンジーに対して目に見える手がかりとして存在していない場合、チンパンジーはそれらの要素を心に呼び起こすことができるであろうか。あなたはさきほど、わたしが言葉で指示しただけで、とんでもないことも想像できた。もちろん自分で自分に指示して、それをもとにどんどん新たな想像をすることもできる（わたしたちが自分についてわかっていることの一つだが、人間はそのとき興味のあることについてなら、喜んで懸命に想像しようとするものである）。前章で人間以外の心の働きについて簡単に説明したが、それが正しいとすると、チンパンジーにはこのような想像はできないはずである。ふとしたきっかけで、その場に合った概念（彼ら流の概念）を形成し、その結果、偶然に起こった興味深い効果に注目することはあるかもしれない。しかし、それ以上のなにかが起こっても、機転をきかせて対処する能力があるとは思えない。

チンパンジーの心についてのこのような疑問は、単純なわりには誰にも答えがわからないままである、いまのところは。答えを見つけるのは不可能ではないが、それに適した実験方法を考えるのは容易ではない。動物の脳の大きさを比較したり、その動物なりの認知能力（記憶力や識別能力）をはかればわかるという問題でもない。チンパンジーの脳には、認知に要する素材としての情報をすべて貯えておける機構が十分にあるはずであり、問題は、その機構が情報を利用できるかどうかである（たくさん鳥の入った大きな鳥小屋を持っているからといって、その鳥たちをきれいに並べて飛ばせられるだろうか）。心に力があるかないか、つまり心に意識があるかないかは、材料や大きさではなく、機能によって決まる。集中できるか。悩むことができるか。以前に起こったことを思い出せるか。一度にたくさんのことを考えられるか。いましている活動のどんな特徴に気づき、注視することができるか。

このような疑問に答えられれば、動物の心について知っておくべきことはすべてわかり、道徳的に重大な問題も解決できるだろう。その答えには、意識という概念について知りたいことがすべて含まれている。ただし、ある哲学者が最近述べた「心の神秘の光は消えるのか」という疑問だけは残る。しかし、これは注目を浴びたが、あまりいい考えではない。その分野の第一人者でさえ、質問の意味を定義することはおろか、明確にさえしていないからである。そうしようとした形跡もない。ある生きものの心についてさきほどの疑問にすべて答えたとき、心の神秘性の光は輝いているかというなにより重要な疑問の答えがまだ見つかっていないという哲学者がいるのである。答えがイエスであってもノーであっても、さほど重要ではない。わたしたちはさきほどの疑問にこそ答えてもらわなくてはならない。彼らの疑問を真面目に取り上げるのはそれからであろう。

犬には「猫」の概念があるだろうか。あるともいえるし、同時に、ないともいえる。犬の抱いている猫の「概念」が、人間の猫の概念にどれほど外延的に似ていたとしても(つまり、あなたと犬が等しく、同じ対象のグループを指して猫と言い、それ以外を猫でないと言う場合でも)、両者はある一点で根本的に異なっている。犬はその概念を考察することができないのである。自分が猫とはなにかを知っているかどうか、自問することもできない。猫は動物なのだろうかと思うこともできない。猫の本質とまったくの偶然に備わった性質とについて見分けよう(精神の光で)とすることもできない。概念とは「犬界」で猫の何たるかを示すものではなく、人間界のものにほかならない。人間には言葉がある。シロクマはさまざまな方法で雪に対処する能力があるが、ライオンにはない。だとすると、シロクマはある意味でライオンが持っていない概念、つまり雪の概念を持っているように思える。しかし、言葉を持たない哺乳類が人間と同じ概念を持つことはできない。彼らには雪を「一般的に」あるいは「本質的に」とらえることができないからだ。できないのは、雪をあらわす（自然言語の）「言葉」がないという瑣末な理由ではなく、自然言語がなければ相関関係の深い山のなかから概念を引っぱりだして操る能力も持てないからである。シロクマの雪に関する内在的で実際的な知識（シロクマの雪ノウハウ）を語ったり、シロクマに埋めこまれた雪の概念の外延を経験的に調べたりすることはできても、その概念は、結局シロクマの持ち得る概念ではないということを銘記するべきである。

「話せないかもしれないが、考えてはいるはずだ」、本書の主な目的の一つは、あなたが持っているこの親しみ深い考え方を支える自信をぐらつかせることである。人間以外の動物の知的能力を解明しようとするときに最大の障害となるのは、おそらくわたしたちが動物たちの賢い行動を見て、人間と同じ内省的な意識のようなものがあるのではないかと思ってしまうことである。動物にそんなことはできないと、はっきりわかっているわけではない。ただ、研究がはじまったばかりの現時点では、できると決めてかかるべきではないだろう。この問題に関する哲学的な考察も科学的な考察も、哲学者トーマス・ネーゲルが七四年に発表した古典的な論文「コウモリであるとはどのようなことか」に強く影響されている。このタイトルからして、わたしたちを間違った考え方におとしいれやすい。コウモリ(あるいは他の動物)が「どのようなことか」も考えずに巧妙な芸当を演じる可能性があることを、頭の端から追いやってしまう。もしなんの問題も感じずに、ネーゲルの疑問には意味があり、なにが問われているかよくわかると思いこんでしまうと、不可解な謎に自分からとらわれることになる。

鳥は巣をつくるとき、どんなふうに感じているのだろうか。こんな質問をされたら、わたしたちは自分ならどうやって巣をつくるかを思い浮かべ、鳥の場合とくらべてみようとするだろう。しかし、人間であるあなたにとって巣づくりは習慣的な行動ではないため、まず自分の慣れ親しんだ行動をするときの気持ちを思い出さなくてはならない。たとえば、靴紐を結ぶときどんな気持ちだろうか。意識してすることもあるが、他のことを考えていて知らないうちに指が勝手に動いていることもある。だから、鳥だってぼんやりしていたり、明日なにをするかを考えたりしながら巣をつくっているだろう。そう思えるかもしれない。しかし、これまでにあがった証拠を見るかぎり、鳥にそんな能力が備わっている可能性はない。心が別のことで占領されているときは、意識と行動がばらばらの方向を向いているが、実際、鳥の場合にはおそらくそのようなことは起こらない。人間は自分のしていることやその理由を深く考えなければ巣をつくれないが、だからといって、鳥も巣をつくるときに(少なくとも、はじめての巣づくりでまだ作業をよく覚えていない段階で）、鳥は鳥なりに自分のしていることを考えているはずだと決めこむ理由にはならない。わたしたちはかつて、人間以外の生物が賢い行動をとれるのは、思考がそうさせているからだとぼんやり思っていた。しかし、脳がどのようにそのプロセスにかかわっているかを知れば知るほど、そのプロセスは思考とは異なるような気がしてきた。ただしもちろん、わたしたちの思考は脳内で起こるプロセスではないとか、行動を管理する思考の役割は普通に考えられているほど重要ではないといっているのではない。今後の研究によって、人間の脳内のプロセスには、わたしたちがよく知っている思考とは異なるものもあることがわかるかもしれない。しかし、いずれにせよ、人間以外の種に心的能力があるといえるためには、彼らの精神生活が人間と同様でなければならないのか、という問題が今後考えるべきこととして残っている。

痛みと苦しみ——なにが問題なのか

人間のかかえる問題には、よく知られた解決法がつねにある。……すっきりと、もっともらしい、そして間違った解決法が。

H・L・メンケン『偏見集』第二巻

「昆虫と魚類と爬虫類は知覚のない機械的な生きものにすぎないことが、これで明らかになった。しかし、両生類と鳥類と哺乳類には知覚、つまり意識があり、人間とまったく同じである。記録によれば、人間の胎児は十五週から十六週のあいだに知覚を持つようになる」。

最後にこんなふうに言えたらどれほど安心できることだろう。人間のかかえる倫理的な判断の問題について、これほどすっきりと、もっともらしい答えが得られたら、どんなにほっとすることだろう。だが、いまのところ、このようなことはまったく言えない。かといって、この先も答えが見つからないとも言い切れない。倫理的な問題を左右する精神性の特徴をすべて見渡したとは言いがたいし、これまでに吟味した特徴は、進化の歴史から見ても個々の生物の発達から見ても、時間も方向性もばらばらに、少しずつ断続的に現われたもののようである。もちろんさらに研究が進めば、まだわかっていない類似性と相違性のシステムが明らかになり、自然がどこでどうやって線を引くかについて、ついに正しいイメージが与えられ、理解できるという可能性がある。しかし、その可能性は、まず、そのような発見がどのようなものであり、なぜ道徳的に正しいと言えるのかを想像することすらできないのなら、期待してはいけない（場合によれば、ある晴れた日に雲間から神が現われ、どの生きものが神の許しを得てこの世に残り、どの生きものが排除されるかを直接教えてくれるかもしれないという想像もできるが）。

さまざまな心（そして心の原型）を調べてきたが、わたしたち人間が身につけたような志向性にたどりつくまでには、言語を使いはじめたことのほかに明確な境界線や臨界はないように思われる。言葉を持つ心の多様さは独特で、他の心の多様さにくらべて種類の多さでは群を抜く。だからといって、言葉を持つということに道徳的な意味合いをおきたくはない。道徳的な考慮をするなら、苦しむ能力について考えたほうがよいだろう。未来（そしてこの世界のすべて）についての難解で高度な予測能力よりもずっと価値がある。では、痛みと苦しみと意識のあいだには、どのような関係があるのだろうか。

痛みと苦しみの違いは、日常の非科学的な区分と同じく、境界線はややぼんやりしている。しかし、道徳的な重要性の目安や尺度としては意義深く、直観的には正しいだろう。痛みは種によって異なる現象であり、単純ではない。その証拠に、次のように単純な疑問にも、まったくあいまいな答えしか見つからない。痛みの受容器からの刺激——たとえば眠っているあいだに、手足の関節を痛めるような不自然な姿勢をとらないようにする刺激――は、痛みとして経験されるのだろうか。それとも、意識されない痛みと言ったらいいのだろうか。どちらにしても、道徳的な意味はあるのだろうか。身体を保護するための神経系のこのような状態は、自己ないし自我、あるいは主体によって経験されなくても、「知覚的」と言えるのではないだろうか。ここで問題にされている状態には、それを痛みとか意識の状態と呼ぼうが、経験と呼ぼうが、かならずそれに耐える主体がいるはずである。そして、その主体にとっては重大な問題である。なぜなら、その状態が苦しみのもとだからだ。

ひどい痛みや恐れが生じたときの「分離」現象について考えてみよう。これは、最近、広く報告されている現象である。幼い子どもが虐待を受けると、絶望的だが効果的な対処方法を思いつくことが多い。痛みから「離れる」という方法である。「痛みに苦しんでいるのは自分ではない」と、自分に言いきかせようとするのだ。分離には主に二種類ある。一つは痛みが自分のものであることを単純に否定し、さも遠くから見ているようにふるまう方法、もう一つは少なくとも一時的に多重人格者のように（この痛みを経験しているのは「わたし」ではなく「彼女」だと考えて）分裂する方法である。わたしが冗談ではなく本気で考えている仮説では、二つの方法のどちらをとるかは、その子がある哲学の主張を暗黙のうちに認めるか認めないかによる。「すべての経験は、主体による経験でなければならない」という哲学的主張である。この主張を信じない子どもは、痛みを自分から切り離すだけでなく、その痛みに持ち主を与えず、とくに誰を傷つけることもなくさまよわせておいて平気である。一方、この主張を信じる子どもは、自分のかわりになる主体をつくらなければならない。要するに、「誰でもいい、ぼくでなければ！」ということである。

このような解釈が支持されるか否かは別だが、精神分析医の多くは、分離はある程度までは効果があると認めている。心理学的にどれほど難しい内容をともなおうと、間違いなく痛みを止める効果はある。より正確に言えば、「痛みを軽減する」かどうかはともかく、「苦しみを緩和する」のは明らかである。だとすれば、次のようなささやかな結論が得られる。分離した子どもとそうでない子どもとの差は、苦しむか苦しまないか、どれほど苦しむかの違いである（急いでつけ加えておくが、わたしがこのように言ったからといって、虐待者の卑劣な行為の残虐性が分離することで和らぐということではない。しかし、もちろん結果のひどさを激減させることは事実である。でもやはり、子どもたちはその分離の後遺症に悩むという深刻な代償をのちの人生で払うかもしれないのである）。

痛みを分離した子どもは、分離していない子どもほど苦しまない。しかし、それでは「自然に」分離した生きものについてはなんと言うべきだろう。それらは複雑な内的構造――普通の子どもでは正常だが、分離した子どものなかではこわれている――を身につけたことも、身につけようと思ったこともない。結論としては、このような生きものは生まれつき苦しみを経験できないということになりそうである。しかしそうだとすると、人間のほかには、いまのところこのような内的構造を持つ種がいないなら、人間を除く動物は痛みは感じられても、苦しむことができないという仮説を裏付けることになる。

なんと便利な考えだろう。だが動物愛護者は当然、憤慨し、深い疑念を抱くことだろう。この考え方では、一般人の行動についての不安を鎮め、ハンターや農民や動物実験をする研究者などに課せられた重い罪悪感を（少なくとも）軽減することができる。だからこそ、この考え方の根拠について考えるときには、とくに注意深く、公平にならなくてはいけない。賛否両論のこのテーマを扱う場合、両方の立場から見ることが大切で、幻想に陥らないよう気をつけなくてはならない。人間以外の動物は人間ほど苦しみを感じられないと言うと、反論としてお涙ちょうだいのストーリーが山のようにでてくる。そのほとんどが犬の話である。なぜ犬ばかりが注目されるのだろうか。犬は他の動物にくらべて苦しむ能力が高いため、反証するのにうってつけだからだろうか。たぶんそうだろう。その理由は、わたしたちが追究してきた進化的な視点から説明することができる。

家畜化された種のなかで犬だけが、飼い主が犬を「人間化」する行動に激しく反応を示す。わたしたちは犬に話しかけ、同情し、友人のように扱い、犬がその友情に対して期待どおりに応じてくれるのを喜ぶ。猫にも同じことを期待するのだが、ほとんど成功しない。このことは、過去をふりかえってみれば驚くにはあたらない。犬は社会的な哺乳類の子孫であり、何百年ものあいだ協調的でコミュニケーションのさかんな群れでの暮らしに慣らされてきた。一方、家猫は非社交的な系統から派生した種である。また、人間の愛情に対しても、犬はオオカミやキツネやコヨーテなど同系統の仲間とは違う反応を示す。それも不思議はない。この違いがあったからこそ、犬は何世代ものあいだ、人間の友人として選ばれてきた。チャールズ・ダーウィンが『種の起源』のなかで指摘したように、人間は家畜化した種の繁殖に故意に介入し、数千年ものあいだ足の速い馬や毛の多い羊、頑丈な牛などを育ててきたが、ほかにも目立たないが強力な方法で、長いあいだ家畜種の形成に影響をおよぼしてきた。ダーウィンはそれを「無意識の選択」と呼んだ。わたしたちの先祖は、そうとは知らずに選択的な育種を行なってきたのだ。

犬は長いあいだこのような無意識の偏好を受けたため、どんどん人間に似ていった。さまざまな資質のなかから、わたしたちは無意識のうちに人間的な社会化に反応してくれるものを選択してきたのではないだろうか。社会化は、人間の子どもに多大な影響をおよぼすように、犬にも影響をおよぼしている。人間と同じように扱うことで、人間らしくさせることができたのである。その結果、社会化した人間だけが持っていたはずの特徴を、犬も持ちはじめる。要するに、人間の意識、ひどい苦しみを感じるうえで必須の条件である意識が、わたしの言うとおり、人間の脳の実質的な構造における根本的な変革だとしたら、さまざまな動物のなかで、たとえ少しでもこのタイプに似た意識を持つことができるのは、文化的にこの実質的構造を植えつけられた動物だけである。明らかに、犬はこの条件に一番近い。

では痛みはどうだろう。誰かの爪先を踏むと、相手は短時間だがはっきりした（はっきりと意識される）痛みを感じる。しかし、傷つくことはほとんど、いや、普通ならまったくない。痛みは激しくても一瞬のことだからどうということはないし、ひどい怪我を負わせたわけでもない。ところが、一瞬だけ「苦しむ」というのは、この重要な概念の奇妙な誤用である。わたしが与えた数秒の痛みのために、相手が数秒か数分間不快になったとしても——とくに、わたしがわざとやったと思われても——痛みそのものの道徳的な意味は失われるというのである（ただし、アリアを歌っているとき、わたしに足を踏まれたせいでオペラ歌手としてのキャリアがつぶれたというのなら話は別だが）。

どうもここまで、わたしは、痛みと苦しみについて暗黙のうちに次のような仮定を立てて、話を進めているようである。1、苦しみと痛みは同じものだが、尺度が違う。2、すべての痛みは「経験される痛み」である。3、「苦しみの量」は（原則的に）痛みを加算した総計である（痛みと苦しみのひどさは、持続時間と回数と激しさで決まる）。

この仮説は、（本気で信じている人には難しいかもしれないが）冷静に考えてみるとばかげている。少し想像力を働かせるとわかりやすいだろう。「現代医学の奇跡」のおかげで、すべての痛みや苦しみを、発生したときの状況から切り離して年末まで据えおき、悪夢の休暇とも言うべき一週間にまとめて味わうことができるとしたら？　あるいは、仮定3のような原則をまじめに信じて、苦しみの持続時間を激しさに還元し、一年分の不幸を五分ぐらいの強烈な刺激に凝縮してしまえるとしたら？　まる一年、ほどほどの不快感や頭痛すら感じずに過ごせるかわりに、帰りの切符を持って短期間の地獄落ちを麻酔なしで経験するとしたら？　さて、あなたはその取引に応じるだろうか。わたしなら、理にかなっていると思えば、きっと応じるだろう（この恐ろしいエピソードには、もちろん、その余波で死んだり狂ったりしないという前提が必要である。もっとも、地獄にいるあいだは狂っていたほうがずっと幸せだが）。苦しみの量が「二倍」、「三倍」になろうと、五分以内にすべてが終わり、衰弱がのちのちまで尾を引かないなら、わたしは喜んで取引に応じるだろう。こんな取引ができたら誰でも喜ぶだろうが、しかし、本当はつじつまが合わないのである（たとえば、このようなサービスを世界中に無料で提供する人は、仮説から考えると、この世の苦しみを二倍か三倍に増やしておきながら、すべての人々から感謝されることになる）。

このシナリオの間違いは、もちろん、痛みや苦しみをいま想像したとおりに状況から切り離せないことである。痛みと苦しみを予感すること、そしてそれらがもたらす結果、さらにそれらが人生の計画と展望に対して持つ意味の認識などを、「たんに認知的な」付随条件としてかたづけることはできない。仕事、脚、名声、愛する人を失うつらさは、それによって引き起こされた苦しみではなく、失うことそのものが苦しみである。世界中の知られていない苦しみの原因を見つけて軽減したいなら、わたしたちは生きものの脳ではなく、その生活を研究しなければならない。生きものの脳のなかで起こることは、もちろん、それら生きものがなにをどのようにしているのか知るためのとても重要な証拠になる。しかし、生きものがしていることは、熟練した観察者にとっては、植物や山の小川や内燃機関の活動と同じように目に見えるものにすぎない。そのため、（すべての科学的方法を用いて丹念に研究して）生命体のなかに苦しみが見つからなければ、その生命体の脳のなかに目に見えない苦しみなどはないと考えてよい。なにか苦しみが見つかれば、それを認めることは難しくないはずだ。あまりにもよく知っているものだからである。

本書は多くの疑問からはじまり、哲学書のつねとして、答えのないまま終わる。しかし、疑問そのものはより研ぎ澄まされたと思う。少なくとも、さまざまな種類の心を探求するときにたどるべき道筋、避けるべき罠について、われわれはもはや理解しているといえるだろう。

わたしがすすめる本

みなさんは、わたしが本書を執筆するにあたって最大の影響を受けた文献を、自分で読むことにはあまり意味がないと思われるかもしれない。なぜなら、わたしがこの本でちゃんとした仕事をしているなら、文献の最良のエッセンスをうまく引きだし、読者の方々の時間と労力を節約できるはずだからだ。たしかにそういう本もある。しかし以下に一覧する本は、そのようなものではない。まだ読んでいない人にはもちろん、すでに読んだことのある人にもぜひもう一度読んでほしい本だ。わたしはこれらの文献から多くを学んだが、まだ十分とは言いがたい。事実、わたしにとって（そして、おそらく他の誰にとっても）心の科学について学ぶべきことはたくさん残っている。ある意味では、本書はその導入であり手引きというべきだろう。

最初に紹介する二冊の哲学書はどちらも有名で影響力があるが、誤解されることも多い著作である。ギルバート・ライルの『心の概念』（一九四九年、邦訳みすず書房、坂本百大ほか訳）とルートウィヒ・ウィトゲンシュタインの『哲学探究』（五八年、邦訳大修館書店『ウィトゲンシュタイン全集8』藤本隆志訳）だ。ライルもウィトゲンシュタインも、心の科学的探求という考え方にはきわめて敵対的な立場にあった。いわゆる「認知革命」に際してわたしたちは、この二人の心的なものに関する非情なまでに非科学的な分析を越え、その背後にある真実を理解したはずだった。だが、そのような見方は間違いである。たしかに彼らは、良質な科学的問題提起をたびたびいらいらするほどに誤認しているし、生物学や脳科学についてはほとんど何も知らないようである。しかし、その点については寛容でなければならない。両者は、いまになってわたしたちがようやくその意味を理解することができるようになった深遠で重要な観察を成し遂げている。「事実を知る」（know that）と区別された意味での、「方法を知る」（know how）ということに関するライルの説明は、認知科学者から長く注目され、賛同を得てきた。しかし、思考とは公共の世界に生じるものであり、外部から隔てられた思考の場所で進行すると考える必要はないという評判の悪い主張は、大半の読者には、ひねくれた、動機が不十分なものであると思われてきた。たしかに、彼の主張にはそのようなものもあるが、新たな知見のもとでは、ライルの考えの輝きには驚くべきである。他方、ウィトゲンシュタインについては、科学に対するウィトゲンシュタインの反感は共有しながら、彼の展望は共有しない数多くの誤解者から称賛されるという不幸を経験してきた。そのような誤解者たちは無視してもかまわない。原典に立ち戻って、わたしがこの本で提供しようとした眼鏡をかけて読んでほしい。

同様の立場に立たされてきた人物としては、心理学者のジェームズ・J・ギブソンがいる。ギブソンの独創的な著作『生態学的知覚システム――感性をとらえなおす』（六八年、邦訳東京大学出版会、佐々木正人ほか訳）は認知科学者からの誤解に対する避雷針の役割をはたし、また、献身的なギブソン信奉者の一団にとっては聖典扱いされている。ともかくも読んでほしい。避雷針であるか聖典であるかは、後の問題としてとっておこう。

ヴァレンティノ・ブライテンバーグ（Valentino Braitenberg）の『乗り物――総合的心理学の実験』（八四年）*Vehicles: Experiments in Synthetic Psychology* は、ロボット工学や認知科学の一時代に刺激を与えた、新しい古典の一つであるといえよう。本書だけではあまり考えを変えようとしなかった人も、彼の本を読めば心に対する考え方が変わるだろう。ブライテンバーグに心酔しているもうひとりの哲学者はダン・ロイド（Dan Lloyd）である。ロイドが八九年に著わした『単純な心』*Simple Minds* は、本書とほぼ同じ領域を扱っている。力点はやや異なるものの大きな意見のずれはないとわたしは考える。この本の執筆当時、正式にではないが、ロイドはわたしの学生であり、タフツ大学における同僚であった。わたしが彼からなにを学び、わたしが彼になにを教えたかはまったく定かではないが、いずれにせよ、彼のこの著作からは学ぶことが多い。

同じことは、キャサリン・エイキンズ（Kathleen Akins）、ニコラス・ハンフリー（Nicholas Humphrey）、エヴァン・トンプソン（Evan Thompson）など、タフツ大学の認知研究センターの同僚たちにも言える。八〇年代の半ばごろ、動物の心について考えるとき、旧来の認識論と存在論から脱却しなければならないのはなぜか、そして、どうやって脱却するかを最初に示してくれたのは、エイキンズだった。彼女の論文「科学とわたしたちの内なる生活猛禽、野獣、そして、共通の（羽なき）二足動物」“Science and our Inner Lives: Birds of Pray, Beasts, and the Common (Featherless) Biped” や「退屈かつ無思慮とはどういうことか」（九三年）“What Is It Like to Be Boring and Myopic?” を読んでみてほしい。

ニコラス・ハンフリーとは八七年から数年間ともに仕事をし、長時間議論を重ねたが、『心の歴史』（九二年）*A History of the Mind* に書かれた彼の考えのすべてに折り合いがついたとはまだ言えない。エヴァン・トンプソンは、センター在職中にフランシスコ・ヴァレラやエリノア・ロッシュと共同で、『身体化された心』（九〇年、邦訳工作舎、田中靖夫訳）を執筆した。本書がこの文献から受けた影響は容易に見てとれるだろう。

また、最新のものでは、アントニオ・ダマシオの『デカルトの誤り――情動、理性、人間の脳』（九四年、邦訳筑摩書房、田中三彦訳）があげられる。同書が独自の新境地を切り拓いていることはもちろんだが、以上の一連の研究テーマの一部を確定的なものとして、さらにそれを推進している点も評価できる。あらゆる生物の心を設計する過程における進化がはたす役割をさらに深く理解するためには、『利己的な遺伝子』（九一年、邦訳紀伊國屋書店、日高敏隆ほか訳）にはじまるリチャード・ドーキンスの全著書を読むべきだろう。

ロバート・トライバースの『生物の社会的進化』（八五年、邦訳産業図書、中島康裕・福井康雄・原田泰志訳）は、社会生物学の論点の核心を学ぶためのすぐれた入門書だ。進化心理学という新しい分野については、ジェローム・バーコウ（Jerome Barkow）、リーダ・コスミデス（Leda Cosmides）とジョン・トゥービー（John Tooby）によるアンソロジー『適応した心――進化心理学と文化の生成』（九二年）*The Adapted Mind: Evolutionary Psychology and the Generation of Culture* によくまとめられている。また、子どもの心理と生物学についての画期的な再検討については、エレイン・モーガンによる『子宮の中のエイリアン――母と子の関係はどう進化してきたか』（九五年、邦訳どうぶつ社、望月弘子訳）を薦める。

また別の局面として、認知生態学者は、人間以外の動物の精神生活や知的能力についての魅力的な実験研究や観察研究を数多く行ない、哲学者や心理学者の空想をふくらませてくれた。ドナルド・グリフィンは、この分野の祖であり、『動物に心があるか』（七六年、邦訳岩波書店、桑原万寿太郎訳）、『動物は何を考えているか』（八四年、邦訳どうぶつ社、渡辺政隆訳）、『動物の心』（九二年、邦訳青土社、長野敬・宮木陽子訳）などの著作がある。しかし、グリフィンの研究のなかでこれ以上に重要なのは、コウモリのエコロケーション（反響定位）に関する先駆的な研究である。それによって、多くの人びとがこの分野の可能性に心を開くことになった。ドロシー・チェニー（Dorothy Cheney）とロバート・セイファース（Robert Seyfarth）によるオナガザルの研究『サルの目から見た世界』（九〇年）*How Monkeys See the World* も典型的な研究である。

アンドルー・ホワイテンとリチャード・バーンのアンソロジー『マキャベリ的知性と心の理論の進化論――ヒトはなぜ賢くなったか』（八八年、邦訳ナカニシヤ出版、藤田和生ほか監訳）や、キャロライン・リストー（Carolyn Ristau）のアンソロジー『認知行動学』（九一年）*Cognitive Ethology* は、この分野の古典的教科書として役に立ってくれるとともに、これらの問題に対する辛辣な分析も与えている。ジェームズ・グールド（James Gould）とキャロル・グールド（Carol Gould）による美しいイラスト入りの本『動物の心』（九四年）*The Animal Mind* は、動物の心について考える人びとの想像力にいろどりを添えている。動物の思考やコミュニケーションに関する最新の著作としては、マルク・ハウザー（Marc Hauser）の新作『コミュニケーションの進化』*The Evolution of Communication* や、デレク・ビッカートン（Derek Bickerton）の『言語と人間の行動』*Language and Human Behavior* を見てほしい。パトリック・ベイトソン（Patric Bateson）の論文「動物の痛みの評価」（九一年）"Assessment of Pain in Animals" は、動物の痛みと苦しみについて、わかっていることとまだわかっていないことを概説した貴重な文献である。

第四章では、高次の志向性についての魅力的で広大な研究分野について、（やむをえず）急ぎ足で概観した。そこでは、子どもと動物を「自然の心理学者」として考えた。急ぎ足でも許されるだろうと判断した理由は、最近このテーマに適切に着目した本がほかにもたくさん出てきたからだ。多くの文献のなかでも、次の二冊は細部まで説明がゆきとどき、なぜそのテーマが重要なのかについても触れている点で優れていると言えるだろう。ジャネット・アスティントンの『子供はどのように心を発見するか』（九三年、邦訳新曜社、松村暢隆訳）と、サイモン・バロン゠コーエンの『自閉症とマインド・ブラインドネス』（九五年、邦訳青土社、長野敬ほか訳）である。

ＡＢＣ学習については本書では、現在もっとも有望なモデルにも軽く触れただけだったが、その詳細（および哲学的意見との相違点）については、アンディ・クラーク（Andy Clark）の『連想エンジン――コネクショニズム、概念、表象変化』（九三年）*Associative Engines: Connectionism, Concepts and Representational Change* と、ポール・チャーチランドの『認知哲学』（九五年、邦訳産業図書、信原幸弘・宮島昭二訳）を参照されたい。細部についてさらに真剣に考えたい人びとは（そのように薦めてきたが）、パトリシア・チャーチランド（Patricia Churchland）とテレンス・セノウスキー（Terence Sejnowski）の『計算的脳』*The Computational Brain*（九二年）から着手するとよい。

以上にあげた本については、わたしの印象主義的かつ熱狂的な思弁に対する、事実面からのチェックになるものとしてお読みいただきたい。本書で展開した主張を評価したいとお考えの方は、次の二人の哲学者の著作をお薦めする。関連しながらも対極的な両者の考え方と、わたしの主張を比較しながら読むとよい。ガレス・エヴァンス（Gareth Evans）の『指示の諸相』（八二年）*The Varieties of Reference*、およびルース・ギャレット・ミリカン（Ruth Garrett Millikan）の『言語、思考、およびその他の生物学的諸範疇』（八四年）*Language, Thought, and Other Biological Categories* と『白の女王の心理学およびその他アリスのための諸論文』（九三年）*White Queen Psychology and Other Essays for Alice* である。

第五章と第六章でわたしは、さまざまなものにそれぞれ思考させることについて議論を展開した。リチャード・グレゴリー（Richard Gregory）の『科学の中の心』（八一年）*Mind in Science* およびアンディ・クラークとアネット・カーミロフ＝スミス（Annette Karmiloff-Smith）による九三年の論文「認知者の内部、思考の発達についての心理学的・哲学的考察」（九三年）"The Cognizer's Innards: A Psychological and Philosophical Perspective on the Development of Thought" やカーミロフ＝スミスの著書『人間発達の認知科学——精神のモジュール性を超えて』（九二年、邦訳ミネルヴァ書房、小島康次ほか監訳）をはじめ、次にあげるいくつかの先行文献に、おおいに触発された。それらだけでなく、長年にわたってわたしの脳を刺激し、多くの実りをもたらしてくれた著作には、ジュリアン・ジェインズの『神々の沈黙——意識の誕生と文明の興亡』（七六年、邦訳紀伊國屋書店、柴田裕之訳）や、ジョージ・レイコフとマーク・ジョンソンの『レトリックと人生』（八〇年、邦訳大修館書店、渡部昇一訳）、フィリップ・ジョンソン゠レアードの『メンタルモデル』（八三年、邦訳産業図書、海保博之監訳）、マーヴィン・ミンスキーの『心の社会』（八五年、邦訳産業図書、安西祐一郎訳）である。

さらに、このような人間の活動の真髄についてはじめて現実的なモデルを示したのが、ダグラス・ホフスタッター（Douglas Hofstadter）の最新作『流体の概念と創造的アナロジー――思考メカニズムの計算機モデル』（九五年）*Fluid Concepts and Creative Analogies: Computer Models of the Fundamental Mechanisms of Thought* などである。

わたしが書いた『解明される意識』（九一年、邦訳青土社、山口泰司訳）は、おもに人間の意識に関するもので、他の動物の心について示唆の域を出なかった。しかし、このような示唆を具体的に展開しようとして、疑問のある立場、あるいは問題であると指摘すべきような立場に到達する読者もいたために、意識に関するわたしの理論をはっきりと他の生物種にまで拡張して適用し、その理論の解明を図らなければならないと自覚するに至った。その成果のひとつが本書である。また別の成果として「動物の意識――なにが問題か、なぜ問題なのか」（九五年）"Animal Consciousness: What

Matters and Why" がある。後者は、ニューヨーク市の New School for Social Research で九五年四月に開催された「動物とともに」と題される会議で行なった発表をまとめたものだ。意識の理論を進化論的に根拠づけるというわたしの方法にも懐疑の目が注がれたが、その懐疑に対しては『ダーウィンの危険な思想』（九五年、邦訳青土社、山口泰司ほか訳）で応対した。

訳者あとがき

「あとがき」から本を読み始めるということは読者倫理にもとる行為であるとされている。しかし、ここでは僭越ではあるが本書の読み方について提案したいので、むしろ、「あとがき」から読んでいただきたい。基本的には、一章、二章の哲学の部分は飛ばし、心の進化に関するおとぎ話ともいうべき三章以降から読むといいのではないだろうか。

本書は、いわゆる「ポピュラー・サイエンス」的シリーズに属するものであるが、著者はいわゆる自然科学者ではなく、哲学者である。わるいことに哲学者のなかでも、内容はないが歯切れがよかったり、難渋であるが深遠であったりするタイプの哲学者ではなく、丁寧で正確な表現を求めるタイプの哲学者である。このために、哲学の概念を議論したり、同僚哲学者をあてこするときにはやや読みにくくなる。第一章、第二章は、本書の狙いを述べる個所であるという意味では、最初に読んでいただきたいが、以上の理由によってけっして読みやすくはない。

それに対して、第三章以降はいわばおとぎ話のように展開される心の論理的進化史というべきものであり、読みやすい。そして、その内容を理解してもらうことは、著者が読者に心の底から期待していることである。したがって、第三章から読みはじめることを、訳者としては薦めざるを得ない。実際には、第六章まで読んでから、その議論の哲学的意義を理解するために最初にもどるというのがよいであろう。

第二章では、「志向性」という概念が議論されている。この概念は、現象学というかつて力のあった研究プロジェクトとの関係から、哲学の素養があるとかえって錯覚をおこしやすく、また、無垢の心で読むと概念の基本的なわりにはひどくテクニカルな要素が多くなる。しかしいずれにせよこの章は、実は、現代の英米の哲学の基本的枠組みを解説しているといってもよい。現代の英米の哲学は二十世紀の中葉に「言語」の分析を主要な方法としてひとつの完成を見た。デネットによる「心」の哲学は、この方法を駆使するとともに、言語へのこだわりを越えるところに重要な貢献がある。言語の哲学と心の哲学とのそのような複雑な関係をこの第二章は解説している。

ここから先は、読後のための「あとがき」である。さて、読者はこの本をお読みになってどう考えただろうか。なぜ、科学の先端を紹介するのにこんな面倒なことを言わなければならないのだろうか。しかも、最後まで読んでみると、別に明確な解答が示されたわけではなく、疑問の出し方がよくなったことを誇るだけではないか。このような不満を持つのではないだろうか。あるいは、真剣な科学者は、このように事実をただ解釈するだけの作業には知的な意義を見出さないかもしれない。脳研究がここまで進んでいるならば、もはや、心について哲学者の話を聞く必要などないのではないだろうか。

哲学者の、本書でデネットが展開したような議論が本当に何かわれわれの心の探究において役に立つのであろうか。私は、本書のような議論がなければ、実際には心の科学的探究は不可能であると考えている。脳科学者は、脳の研究をする。しかし、それだけで人間の心、そして、その他のさまざまな心を本当に解明できるであろうか。もちろん、脳科学者の研究が人間の心の研究に役立たないはずはない。動物生態学者が鳥について研究するとき、それは人間の心の研究に役立つのであろうか。もちろん、そのような動物生態学者の研究が人間の心の研究に役立たないはずはない。しかし、それらの研究そのものは、脳の研究であり、動物の生態の研究である。そのような研究から生まれる知見が、わたしたちの心を理解するためにどのような貢献をするのかは、本書のデネットのように全体像をお話として語ることによってしか理解できないのである。いや、心は脳なのだから、脳の研究さえすればよいのだというかもしれない。しかし、「心は脳だ」ということ自体すら、脳についての科学的研究から導びかれることではない。

もちろん反対に、人間の心の探究を自然科学の方法によって行なうこと自体を嫌う人も多い。態度に出さなくても、アメリカの哲学者にもそういう人がいる。本書でとりあげられたジョン・サールもその一人である。科学で汲み尽せないなにかがあってはじめて人間の心が生まれると言いたいらしい。そのような態度はそれとして一貫しているかもしれない。しかし、わたしたちの（といっても西洋風の発想になるが）心についての探究は、つねにその時代の諸科学の知見を踏まえ、哲学的なまとめを繰り返すことによって進行してきたのである。本書でも言及されているアリストテレスとデカルトはその意味で代表的な哲学者である。哲学者は、反科学者ではなく、むしろ、科学をリードする役割を持ってきたのである。この意味でデネットがはたしてきた役割は重要であり、また、とくに日本の哲学者が哲学の本の解釈に明け暮れるばかりであるとすれば憂うべきである。

デネットは、現代のアメリカの哲学をいろいろな意味で代表する哲学者である。一九六〇年代から現在にいたるまで一貫して英語圏の心の哲学の第一人者であった。しかし、その関心は哲学という分野にとどまらない。一方では、人工知能研究においてコグをめぐるロッド・ブルックスとの共同作業に見られるように、コンピュータのメタファーを十分に理解しながら、生物としての人間という位置付けを構想するという両面作戦を三十年近く展開してきた。したがって、現代の認知科学の先駆者であるといえる。アメリカの哲学は、八〇年代にその中心的関心を「言語」から「心」に移す。その結果デネットは、まさに議論の中心に位置しつつ、戦後の英米の伝統をも代表する哲学者となった。

翻訳の来歴について簡単に事実関係を記しておきたい。本書を最初に見たのは、昨年十月学会のために滞在していたフィラデルフィアで学会をさぼって行った本屋の哲学書のコーナーにおいてであった。そのあとすぐ友人から、私が数年前に書いた論文が本書に引用されていることを知らせてもらった。ところが、まだその記憶が消えないうちに、この本を訳してみないかというお誘いをいただいた。おそらくその記憶が消えていなかったからであろう、この翻訳を引き受けた。デネットは、平易で気さくな哲学者としてよく知られているし、今までもそのように付きあってきた。しかし、実際に訳してみると、デネットの息づかいを伝えることはなかなかむずかしい。本気なのか、たんなるジョークなのか、日本語にするとその感じが見えなくなってしまうことが多い。いずれにせよ、読者が読みにくいと感じたならば、それは訳者の責任である。

翻訳にあたって、原著における文献参照について若干変更したので記しておく。原著で、引用されている出典の個所については原文、邦訳を点検したのち、著者が依拠した英訳にできるだけ忠実に従って重訳した。また、著者が参照文献のみを表示し巻末文献表に頼っている個所については、啓蒙書としての目的を考慮して可能なかぎり本文中で直接に参照文献が特定できるようにした。この結果、原著にあった文献表を訳本では含めないことにしたが、著者の考え方の背景を描いている「わたしがすすめる本」は訳出した。

一九九七年九月

土屋　俊